중국을 알면 세계가 보인다

신중국 70년의 발전과 변화가
있기까지의 역사적 흐름을 펼쳐내다.

주거문화

창후이(常辉)·진쑤샤(金淑霞) 저
궈루이(郭蕊) 역

차이나하우스

중국을 알면 세계가 보인다 - 주거문화

© 2021, 山东文艺出版社

2021년 10월 10일 초판 1쇄 발행
2021년 10월 15일 초판 1쇄 발행

지은이 | 창후이(常辉) · 진쑤샤(金淑霞)
옮긴이 | 궈루이(郭蕊)
펴낸이 | 이건웅
펴낸곳 | 차이나하우스

등   록 | 제 303-2006-00026호
주   소 | 서울시 종로구 자하문로 301
전   화 | 02-3217-0431
팩   스 | 0505-352-0431
이메일 | cmg_ltd@naver.com
ISBN | 979-11-85882-56-7 04910
          979-11-85882-59-8 04910(세트)

값 14,800원

서언

오늘날 중국은 경제가 번영하고, 국력은 강성해졌으며, 국민의 생활이 나날이 풍족해지고 있다. 이러한 사실은 어느 누구라도 부정할 수 없는 사실이며, 정치적 입장이나 가치관이 다르더라도 부정할 수 없는 사실이다. 20세기 후반을 거쳐 21세기로 접어들면서 중국의 발전은 역사가들의 진한 먹으로 기록하고 반복적으로 그려낸 역사적인 큰 그림이 될 것이다. 1949년 신중국이 건국되고, 70여년 동안 걸어온 길은 참으로 파란만장했으며 앞날의 기상 변화도 더하면 더했지 덜 하지 않을 것이다. 이 거대한 그림을 매우 제한된 화폭 안에서 훌륭하게 그리는 작업을 결코 쉬운 작업이 아니다. 따라서 우리는 다양한 풍경 속에서 몇 가지 단편만을 관찰할 수밖에 없다.

이러한 단편을 관찰하는 것도 역시 고민거리다. 국가의 발전 상황이 과연 바람직한가 하는 것은 결국 국민의 일상생활에 달려 있다. 따라서 일반 국민의 의식주 분야의 발전과 이를 뒷받침하는 주요 성과를 되돌아보기로 했다. 진보는 과거를 투영했을 때 비로소 잘 드러나게 마련이다. 따라서 우리는 근대 중국의 모습을 보여주는 데 상당한 지면을 할애했다.

하지만 이야기가 근대 이전에서 시작하는 것은 중국의 역사와 현실에 관한 우리의 이해와 연결되 있다. 역사 발전이 근대에 이르렀을 때에도 과거 천년 혹은 2천년 전에 비해서 대부분 백성들의 생산과 생활 방식에는 실질적인 변화가 없었다. 그뿐만 아니라 역사적으로 발전의 절정기였던 시대, 예를 들어 당송 시대에 비하여 근대 중국 인민의 삶의 질은 오히려 하락했다.

세계사가 중세에서 근대로 넘어가는 과정에서 일정 시기 동안 민중의 삶의 질이 그 이전 시기보다 나빠지는 현상은 여러 나라에서 경험했던 사실이다. 근대 전기에 유럽의 많은 국가에서 그러한 현상이 나타났다. 근대 중국에서는 인구 급증에 따른 생존자원 부족, 열강의 침입과 약탈, 전란과 사회불안, 빈부격차의 심화, 자연재해와 전염병 유행 등으로 민중의 삶의 질이 비참한 지경에 이르렀는데, 이러한 현상은 세계적으로도 보기 드문 것이었다.

고대로부터 근대까지 이르는 길을 돌아봐야 신중국 성립 70년 이래의 발전과 변화가 일반 백성들에게 무엇을 의미하는지 더 잘 이해할 수 있을 것이다. 2020년에 이르러 중국에 거대한 중산층이 생겨났을 뿐만 아니라 절대적 빈곤은 이미 역사의 뒤안길로 사라졌다. 이 목표를 달성하는 것은 실로 중국이 천년 간 겪지 못했던 변화이다. 펜으로 이 역사적 장면을 기록하는 것은 바로 현대인의 책무이자 의무다.

작자

2021년 1월

목차

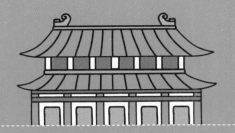

제1장

우물에 관한 추억

중국을 알면 세계가 보인다

주거문화

젊은이에게 "집이나 공공장소에서 물을 마시거나 세수할 때 쓰는 물은 어디서 얻는 걸까?"라고 물어보면, 너무나 상식적인 질문이라서 왜 이 질문을 하는지 이해하지 못하고 당황할 것이다. 그는 "너무 쉬운 질문이네요! 그냥 수도를 틀면 되지요, 뭐!"라고 자연스럽게 대답할 것이다. 이런 반응은 오늘날 대부분의 젊은이들이 우물물을 주

지난의 바오투추엔에서 관광객들이 줄을 서서 물을 받아 마시고 있다. (비주얼 차이나)

요 식수로 삼았던 조상들의 생활 방식에 대해 잘 모르기 때문이다. 더욱이 선조들에게 있어서 깨끗하고 안전한 식수를 마시는 것이 얼마나 힘든 일이었는지도 알지 못할 것이다. 1949년 이전의 중국에서는 많은 경우에 그 한 사발의 물은 추억 속의 악몽이라고 해도 과언이 아니다.

중국의 옛사람들은 "백성은 식량을 하늘로 여긴다"라는 문구를 가슴에 새겼다. 사실 사람이 생명을 유지하는데 있어 물은 식량보다 더 중요하다. 사람은 밥을 먹지 않아도 일주일 정도 살 수 있지만, 물을 마시지 않으면 3일도 안 되어 생명의 위험에 처하게 된다. 지구에서 인류의 생명을 유지해 주는 담수자원은 선형(線形)과 점상(點狀)이라는 두 가지의 형태로 분포되어 있다. 선형으로는 강이나 시내를 들 수 있으며, 점상으로는 호수나 용천(涌泉)을 들 수 있다. 인구밀도 분포를 보면 호수나 용천 같은 점상 수자원 구역은 수원을 둘러싸고 동심원 모양의 분포를 보이며, 강물 같은 선형 수자원 구역은 제방과 평행을 이루는 선형 분포를 보인다. 이와 같이 수자원과 인구 분포의 관계를 통해 인류 생존에 있어 물이 얼마나 중요한지를 알 수 있다.

수도 시설이 없었던 시절에는 우물이 주요 식수원이었다. 중국 북방의 도시나 시골에서는 주요 도로와 연결되어 각 민가를 이어 주는 아주 좁은 골목을 '후통(胡同)'이라고 부른다. 후통이란 명칭은 700여

년 전의 원(元)나라 때부터 사용되었다. 당시 관방언어인 몽골어에서 '후(Gudum)'는 우물을 가리켰다. 우물은 하나의 점상 수원으로서 주민 주택은 대부분 우물을 둘러싸고 펼쳐져 있었다. 따라서 우물을 가리키는 후퉁은 점차 거리를 일컫는 의미를 가지게 되었다.

이를 통해 우물이 민중 생활에 있어 얼마나 중요했는지를 짐작할 수 있다. 지표수와 지하수 자원이 모두 풍부한 중국 강남(장강 이남) 수향에서는 직접 지표수를 음용하기도 하였으나, 급수의 편리 및 여과의 청결을 위해 우물물이 식수의 주요 내원으로 사용되었다. 예를 들어, 후난성(湖南省)의 성도 창사(長沙)의 경우 샹장(湘江) 하류에 위치하여 수로가 촘촘하고, 경내에 크고 작은 하류가 300여 개나 있어 지표수가 매우 풍부했다. 『후난성지(湖南省志)』 기록에 의하면 이런 도시에서도 1934년까지 시내에 있는 우물의 수가 3,631곳에 이르렀다. 당시에 창사의 인구는 40만 명에 가까웠으므로 우물 하나를 100명 미만의 인원이 사용한 셈이다. 대개 도시의 거리 끝에는 공동우물을 설치해 주민들이 스스로 물을 얻을 수 있게 했고, 경제적 형편이 좋은 집들은 스스로 우물을 파서 물을 얻곤 했다. 지하 수위가 높아 수면이 바닥과 가까운 우물에서는 바가지로 직접 물을 퍼냈고 몇 미터에 이르는 깊은 우물에서는 물을 길어 올리는 도구, 예를 들면 비교적 흔히 볼 수 있는 도르래를 만들어 사용했다. 도르래의 주요 부품은 짧은 통나무

청나라 말기 산둥 옌타이(煙台). 남자들이 마당에서 머리를 땋고 도르래를 이용해 물을 길어 올리고 있다.
(비주얼 차이나)

하나와 이를 지탱해 주는 지지대이다. 한쪽 끝을 고정시키고 다른 쪽 끝에 물통을 매달아 놓은 줄을 통나무에 감아 통나무만 돌리면, 줄을 풀어 물을 채운 뒤에 반대 방향으로 돌려 다시 줄을 휘감아 물을 지상 으로 끌어올릴 수 있었다.

건조 기후 혹은 반(半)건조 기후인 중국 북방에서 우물을 파는 현대 식 기계가 없었던 시절에는 우물 하나를 파내는 데에 성인 십여 명의 노력과 수 개월의 시간이 필요했다. 농촌에서 우물을 파는 것은 온 마 을 사람들에게 중요한 과업이었던 만큼, 가능한 거의 모든 사람이 우물 파기에 힘을 모았다. 그렇기 때문에 우물은 마을 사람들의 공공재산이었다. 우물을 파는 일이 쉽지 않은 만큼, 사람들은 우물을 소중히 여기며 사용했다. 중국인들은 우물에 대해 애틋한 감정을 갖고 있다. 어떤 사람이 생계를 위해 고향을 멀리 떠났을 때, 가장 뼈저리게 기억하는 것은 바로 고향의 맑고 감미로운 우물물이다. 당나라 시인 이백의 명시인 《정야사(靜夜思)》에는 "床前明月光, 疑是地上霜. 擧頭望明月, 低頭思故鄕."라는 시구가 있다. 달빛이 내려 앉은 우물 울타리 옆에 서서 밝은 달을 바라보는 시인의 마음에서 고향을 향한 그리움이 우러나오는 것이다. '배정리향(背井离乡)'이란 한 마디는 수천 년 동안에 걸친 중국인의 이별과 만남의 애환을 남김없이 표현한다.

하지만 중국인의 추억 속의 우물물이 모두 시원하고 감미로운 맛은 아니다. 앞서 언급한 후난성의 성도 창사에는 백사정(白沙井)이라는 우물이 있다. '창사 제1천(長沙第一泉)'으로 불리는 이 우물에 관한 최초의 기록은 명대의 『장사부지(長沙府志)』에 실려 있다. 600여 년이나 지난 오늘날에도 여전히 많은 사람이 물을 얻으러 이곳에 찾아온다. 그러나 이 감미로운 우물물에 한때 얼마나 쓸쓸한 삶이 담겨 있었는지 아는 사람은 별로 없다. 이 슬프고 고통스러운 삶의 물은 청나라 초기부터 신중국 성립 때까지 유구히 흘렀다

청나라 중후기에 이르러 인구가 급증하고 상업이 발전함에 따라 창

사의 백사정은 '맑고 감미로움이 비길 데가 없다'는 수질 덕분에 날로 늘어나는 찻집의 시선을 끌어모으면서, 시중의 찻집에 물을 날라 주는 직업까지 생기게 되었다. 종사자가 많아지자 물 한 짐을 메려면 항상 몇 시간이나 줄을 서야 했다. 물지게꾼은 돈을 벌기 위해 어쩔 수 없이 새치기를 하곤 했다. 이에 따라 그들은 일반 주민과 자주 충돌했고, 때로는 심지어 무기까지 꺼내 드는 싸움으로 번져서 샘물을 피로 더럽히기도 했다. 청나라 말기에 이르자 창사 시내의 물지게꾼들은 6~7백여 명에 달하였는데, 많을 때에는 수천 명을 넘기기까지 했다. 백사정뿐만 아니라 시내와 시외의 우물 근처마다 그들로 붐비며 줄을 서서 물을 긷는 모습을 볼 수 있었다. 물을 길은 뒤에는 어깨걸이 혹은 짐수레에 나무통을 싣고 길을 다니며 물장사를 했다. 여름철에 물 수요가 급증하거나 물난리 때에는 물지게꾼들이 물을 긷기 위해 매일 한밤중에 일어나 줄을 섰는데, 매일같이 물다툼으로 인하여 잦은 몸싸움이 일어났다. 가장 비참한 일은 아무리 애를 써도 물을 긷지 못하는 것이었다. 1910년에는 황구이순이란 물지게꾼이 물을 팔지 못하여 쌀을 얻지 못하는 바람에 온 식구가 자살해 버리는 일까지 일어났다.

민국 시기 시안 시내의 한 우물. (비주얼 차이나)

1930년대의 물지게꾼. (비주얼 차이나)

민국 시기에 이르러 창사의 백사정 이야기에는 슬픔을 넘어 황당함까지 더해졌다. 당시에 군벌의 병사들은 늘 물을 길러 백사정에 갔는데, 그들은 매번 백사정에 들이닥쳐서는 기어코 먼저 물을 긷겠다고 협박했다. 나중에는 심지어 물지게꾼들의 생계까지 빼앗았는데, 저항이 빈번해서 총탄을 맞고 죽는 사람까지 종종 있었다. 1913년 7월 8일에는 황당한 일이 발생했는데, 물을 빼앗은 병사가 물지게꾼을 폭행했을 뿐만 아니라 우물에 분뇨를 뿌리는 바람에 악취가 생겨 오랫동안 우물을 이용할 수 없었다.

후난성과 마찬가지로 중국 남방인 광둥, 광시, 푸젠, 저장, 장시, 후베이 등 여러 성의 천백 여 년의 역사에도 곳곳에서 물싸움으로 인하여 총격전이 벌어졌다는 기록이 있다. 광둥성 차오양(潮陽) 현의 산문성(山門城)과 진시춘(金溪村)에서는 수원을 차지하기 위해 1839년, 1842년, 1939년 세 차례에 걸쳐서 대규모 충돌이 일어나 232명의 사상자가 발생했다. 차오양현의 양펀천양분진(洋汾陳)과 양펀린양분림(洋汾林) 두 마을은 물싸움으로 인하여 총격전을 벌여 분쟁이 9년 동안이나 지속되었고, 150여 명이 죽게 되었다. 마을 사람들 가운데 많은 집안이 몰락하였을 뿐만 아니라 서로 원수가 되어, 대대로 통혼하지 않았고 친척 사이에도 절연했다.

수자원이 풍부한 강남 수향에서도 이 정도다 보니, 가뭄이 심했던

시민들이 창사의 백사정에서 물을 긷고 있다. (비주얼 차이나)

중국 북방에서는 물싸움이 더욱 심하고 오래 지속되었으며 훨씬 처참했다. 산시성(山西省) 린펀시(临汾市) 훙퉁현(洪洞县) 광승사(廣勝寺) 옆에는 분수정(分水亭)이라는 옛 건물이 세워져 있는데, 그 옆에는 호한묘(好漢廟)가 있다. 이곳은 물싸움 사건을 추념하기 위해 청나라 옹정 4년(1726)에 지은 것이다. 그곳의 곽산(霍山) 자락에는 곽천(霍泉)이라는 샘물이 있는데, 당시에 훙퉁(洪洞)과 자오청(趙城) 두 현(縣)의 식수 및 관개가 줄곧 이 샘물에 의지해 왔다. 당나라 이래로 두 현의 백성들은 늘 샘물때문에 소송도 하고 싸움도 하곤 했다. 이런 충돌은 당나라로부터 송나라, 원나라, 명나라, 청나라를 거쳐 민국 시기까지 1,300

여 년이나 계속되어 종종 사상자가 발생했다. 두 현 사람들은 아무런 연락도 하지 않고 대대로 원수로 지내며 서로 결혼도 하지 않았다. 그곳에서는 다음과 같은 민요를 불렀다. "곽천수는 서쪽으로 흘러가지요. 피와 눈물, 원수로 가득 차지요. 남과 북이 맺은 원수는 천 년이 지나도 풀지 못하지요." 역대 정부마다 이 모순을 해결하려고 노력했지만, 어느 정부에서도 효과를 거두기 못했다. 당나라 초기에는 현지 정부 주관으로 자오청현과 훙퉁현이 7:3으로 물을 나누도록 결정했지만, 여전히 두 현 사이에는 격렬한 싸움이 끊이지 않았다. 일 처리가 적절하지 못해 현지 관리들이 파면되는 경우도 여러 번 있었지만, 문제는 여전히 해결되지 않고 있었다. 청나라 옹정 초년에는 현지 정부가 물 나누기 공사를 시도했다. 철기둥 열한 개로 이어진 울타리를 지나가는 샘물을 10등분하여 훙퉁현에 3할, 자오청현에 7할을 나누었다. 이 울타리에는 다리가 있는데, 다리 위에 정자를 세워 분수정(分水亭)이라 이름을 붙였다. 그러나 훙퉁현은 지세가 낮고 물살이 센 반면에 자오청현은 지세가 높고 물살이 느려서, 쌍방의 싸움은 여전히 지속되었다. 신중국 성립 이후 1954년에 이르러서야 훙퉁과 자오청 두 현이 훙퉁현으로 합병되었고, 천삼백여 년간 지속된 물싸움도 비로소 해결됐다. 현지에는 분수정 옆의 호한묘에 관한 민간 전설이 있다. 호한묘가 조성되기 전부터 물싸움이 벌어져 현지 관리들은 음력 3월 18

일 수신묘 묘회에서 기름솥의 동전을 건지는 방식으로 해결하자고 제안하였다. 물 열 줄기를 뜻하는 동전 열 개가 기름솥에 놓이자, 자오청과 훙퉁 두 현에서는 각각 대표자 한 사람을 보내 그들이 건진 동전의 수로 물의 분배를 결정했다. 자오청현의 한 용감한 젊은이는 팔을 뻗어 펄펄 끓는 기름솥에서 7개의 동전을 건져냈는데, 훙퉁현의 대표는 3개의 동전을 건져냈을 뿐이었다. 곽약수는 여전히 3할과 7할로 나뉘고 말았다. 이에 두 현의 현민들이 기름솥에서 동전을 꺼낸 대장부들을 기념하기 위해 분수정 옆에 절을 세웠다는 것이다. 진실 여부를 떠나서, 이 전설을 통하여 당시에 물싸움이 얼마나 참혹한 수준이었는지를 알 수 있다.

  분수정 이야기는 천백여 년 동안에 걸친 산시성 물분쟁의 축소판이다. 쟈오청현과 원수이현의 수권을 둘러싼 싸움도 당나라 때로 거슬러 올라간다. 명청 시대를 거쳐 민국 시기에 이르기까지 수난(水亂)은 거의 산시성 전역에 널리 퍼져 있었다. 마을 안에, 이웃 마을 사이에, 이웃 현 사이에, 심지어 수십 마을들 사이에, 여러 현(縣)들 사이에도 분쟁이 계속되어 대략 크고 작은 수난이 백 건 이상 발생했다. "불균형이 있거나 관행을 어기거나 하면 사람들이 수천 명씩 떼를 지어 서로 무기를 들고 싸우는 것이 마치 대적을 만난 것 같아서, 반드시 죽어서야 끝이 날 것이다." 1918년에는 자오청현의 통리수로를 쟁탈하던 군벌이 하류의 농민들을 부추겨 싸움이 발생하였고 400여 명이 참혹하게 살해되었다. 1922년에는 린펀, 홍퉁, 자오청 세 현(縣)에서 물살을 헤치다가 죽거나 다친 사람이 100여 명이 넘는 유혈 사건이 벌어졌다. 그래서 '진성(晉省)에서는 수로 때문에 싸움을 일으키는데 송사나 싸움 사건이 기록하지 못할 만큼 많다'고 전해 내려온다. 향민들 사이에서는 평소에 '평생 같은 동네에 살면서 통혼도 하고 술잔도 기울이며 즐겁게 담소도 나누었다'고 하는데, 일단 수난 사건이 발생하면 바로 반목하여 원수가 되었다. 이른바 '처음에는 한 집 같다가 양쪽 사이에서 싸움이 벌어지면 친구들이 길을 피하며 한 하늘을 이고 살 수 없을 만큼 적이 됐다'는 것이다. 사실 천백여 년 동안에 걸친 산시성의 잔혹한 물 분쟁은 가뭄이 심했던 중국 북방 여러 성들의 공통된 역사적인 모습이기도 했다.

사람들 사이의 물 분쟁보다 더 무서웠던 것은 불결한 식수가 초래한 역병이었다. 1949년 이전 중국은 도시와 향촌을 막론하고 식수의 안전과 위생이 전혀 보장되지 않았다. 도시에서는 도시 오염수가 처리되지 않고 바로 강으로 배출되었으며, 강물과 하수구 오수 및 지면의 쓰레기로 오염된 빗물 등이 모두 우물 속으로 새어 들어갔다. 여름철 폭우 때에는 거리의 오수가 곧바로 강으로 유입되었고, 수질이 나빠지면서 우물들도 오염되고 말았다. 후난성의 성도 창사를 예로 들

산시성 린펀시 훙퉁현에 위치한 광승사에는 청나라 옹정3년(1725년)에 지어진 분수정이 자리잡고 있다.
(회도망)

면 1925년에 위생부서에서 시내 주요 우물을 대상으로 표본을 추출하여 검사한 결과, 합격률이 45.5%에 불과했다. 1931년부터 1936년까지 6년 동안 창사에서 4,819명이 수질오염으로 인한 전염병 때문에 사망했다. 1937년에 샹야(湘雅)병원에서 창사의 주요 식수 우물 36곳을 검사한 결과, 모두 분뇨 오염이 존재하는 것으로 확인됐다. 농촌에서는 생활 오수, 인축(人畜) 분뇨를 동반한 빗물, 죽은 동물의 시체 등이 우물을 오염시켰다. 이렇듯 오염된 식수가 초래한 역병은 그림

자처럼 따라다니며 중화민족의 생존을 위협하고 있었다. 주로 음용수의 불결함이 초래한 콜레라와 장티푸스를 예로 들면, 민국이 시작된 1912년부터 1916년까지 5년 동안 콜레라로 인한 사망자는 베이징 712명, 상하이 2,075명, 신장성 21,756명, 쓰촨성 325명, 그리고 타이완성 256명으로 집계됐다. 그리고 장티푸스로 인한 사망자는 베이징 1,335명, 신장성 25만 839명, 산시성 15만 6,963명이다. 가장 처참했던 쓰촨성에서는 1916년에만 2만 8522명이 사망했다. 1931년에는 일부 지방에서 장티푸스가 유행했는데 그 가운데 사망자는 난징 484명, 상하이 1,428명, 톈진 125명, 저장성 1,153명, 푸젠성 482명, 광둥성 608명, 후베이성 2,103명이었다. 이후 우한(武漢)에서는 장티푸스가 6년 연속 유행해 모두 11,300명이나 사망했다. 하지만 전해 내려오는 이러한 통계 수치에 놀라기에는 아직 이르다. 아마도 실제로 사망한 피해 숫자는 더 많았을 것이다. 민국 시기 중국은 국가가 체계를 갖추지 못했고, 교통이 단절됐으며 통신도 낙후됐다. 위생 통계 작업에 있어 기관, 인원, 수단 등에서 모두 공백이 컸고 게다가 군벌의 할거까지 겹치면서 전란이 빈번해 산골 벽촌의 향촌에서는 사람들이 역병으로 얼마나 많이 죽었는지 알 길이 없다.

더 무서운 1932년이다. 이 해에는 온 중국에 콜레라가 발생하여 남으로는 홍콩, 북으로 하얼빈, 동쪽으로 상하이, 서쪽으로 간쑤성 톈수

1911년 초 중국 둥베이 지구에서 사람들이 역병으로 인한 사망자를 들것으로 운반하고 있다. (비주얼 차이나)

1910~1911년에 걸쳐 페스트가 유행했던 둥베이 지구의 헤이룽장성(黑龍江省) 하얼빈시(哈爾濱市) 제1임시병원.
(비주얼 차이나)

이에 이르기까지 32개 성에 콜레라가 창궐해 감염자가 2,000여만 명, 사망자가 40여만 명에 달했다. 이것도 물론 추정이다. 이 역병은 산시성 관중(关中) 지역과 샨베이 지역에서 가장 피해가 컸다. 6월 19일 퉁관현(潼关县)의 한 주민으로부터 모든 성으로 급속히 번져서, 57개 현에 역병이 덮쳤다. 이로 인한 사망자는 14만여 명에 이르렀다. 그 가운데 바오지(寶鷄) 현에서는 호진(虢镇) 한 곳에서만 해도 3개월 동안 매일 40~50명이 사망했다. 펑샹현(鳳翔縣)에서는 환자 9,000여 명 가운데 6,740여 명이 사망했다. 메이현(眉县)에서는 환자가 모두 2,719명이었다가 3시간 만에 사망자가 1,189명에 이르렀다. 웨이난(渭南)에서는 8월 중순에 매일 천여 명이나 사망했다. 콜레라 유행 초기에는 이웃이나 친척들이 여전히 환자를 병문안하거나 사망자의 장례를 치르는 데 도움을 주었다. 역병의 침입 속도는 심각했고, 환자들의 사망률도 너무 높아서 심지어 발병한 지 몇 시간 만에 바로 죽은 사례도 있었다. 관이 동이 나자 멍석으로 시신을 말았는데, 결국 멍석마저 동이 나서 구덩이를 파고 시신을 그냥 묻는 지경까지 이르렀다. 사망자가 많아지자 사람들이 병에 전염될까 봐 외출할 엄두를 내지 못해서, 사망자는 매장하지도 못한 채 썩고 말았다. 이런 인간 참극을 글로 표현하기는 쉽지 않다. 대규모 사망과 피난민으로 인해 1935년 산시성 인구는 1924년에 비해 47.9%나 줄어든 1,078,873명으로 민국 시기의 최저치로 떨어졌다. 본래 생명의 근원이었던 물은 죽음의 도랑을 거쳐서 중화민족의 도도한 눈물로 흘러내렸다.

이러한 인간의 참극은 오늘날 안전하고 편리한 수돗물을 사용하고 있는 우리로서는 상상할 수 없는 일이다. 당시만 해도 중국에서는 수돗물 사업이 반세기 가까이 발전했지만, 몇몇 대도시에 국한되어 주로 고관과 외국 상인을 위한 서비스였다. 빈곤이 계속되고 병사가 이어지며 전쟁과 재난이 잇따르던 그 시절에 많은 지방의 평범한 민중은 수돗물은 꿈도 꾸지 못했고, 심지어 수돗물이 무엇인지 들어보지도 못했다.

세계 최초의 근대적 상수처리장은 1950년대 초 미국에서 생겨났다. 19세기 말에서 20세기 초까지 상하이, 베이징, 톈진, 다롄 등 대도시에서 중국 최초의 상수처리장이 생겼다. 그 뒤로 발전이 조금 있기는 하였으나, 주로 개항이 비교적 빨랐던 연해 지방에 한정되었다. 1875년에 상하이에서는 외국 상인이 주식 공모금 3만 냥의 은을 모아 중국 최초의 상수처리장인 상하이 양수푸(楊樹浦) 처리장을 설립했다. 이 공장은 식수를 제조했지만, 파이프 라인에 물을 공급할 능력은 갖추지는 못했다. 이곳에서는 침전지, 여과지, 펌프 등의 설비를 통해 깨끗한 물을 만들어, 목선에 물을 실어 나르거나 지나가는 선박에 판매하거나 물차로 사용자의 집까지 배달해 주기도 했다. 물값은 거리

별로 1톤당 6펜스부터 13실링까지 다양했지만, 일반 노동자의 수일 치 임금과 맞먹는 고가였기 때문에 구매자는 극소수 상류층에 불과했다.

1897년에는 톈진(天津)에 중국 최초의 상수도 공장이 생겼다. 이 공장은 영국 회사 인지양행(仁记洋行)이 영국 조계지에 건설한 것으로서, 하루에 1,363㎥의 물을 생산하는 능력을 갖추었다. 1901년에 국영(國營)으로 설립된 다롄(大連) 수돗물 공장은 쑹화장(松花江)을 수원으로 했고, 침전지의 용량이 4200㎥나 됐으며, 약 160㎞의 송수관을 보유하고 있었다. 1908년 4월에 청나라 정부는 베이징에 '경사(京師)수도 주식유한공사'를 설립하여, 경성(京城)의 첫 수돗물 공장인 동직문 물공장(東直門水場)의 건설을 기획했다. 물공장의 공사는 1910년 1월에 완료되어 3월부터 생산에 들어갔는데, 급수관선은 20㎞에 이르렀으며 물의 공급 범위는 '안으로는 궁성부터 밖으로는 관상(關廂)까지'였다. 그로부터 10년이 지난 1920년까지도 베이징의 수돗물 사용자는 2,000세대도 되지 않아서, 당시에 베이징 인구의 약 1만분의 7에 불과했다. 그 뒤로 30여 년을 지난 1949년에 이르러 겨우 3,000세대 미만으로 발전했고, 부유층의 거주지에 설치되어 있던 공용 급수처까지 합쳐도 베이징의 급수관선 총 연장은 364㎞에 불과했다.

다른 도시에서도 수돗물 시스템을 구축하기 위해 시도하였으나, 대부분의 경우, 한 장의 공문을 보내는 것으로 끝나고 말았다. 창사는 이미 1914년에 수돗물 체계를 구축하려는 구상을 밝혔으나 결국 자금, 전란, 인재 등의 이유로 인해 민국 멸망 때까지 실현하지 못했다. 1933년에 후난성 건설청은 기술력을 통합하여 창사에서 지형 측량, 수질 검사, 인구밀도 분석 등 예비사업을 벌였지만, 결국 자금 부족으로 공사 설계 자료가 방치되고 말았다. 1937년에는 관계 부처에서 공사를 재개하여 초보적 계획을 세웠으나, 항일전쟁이 벌어짐에 따라 다시 계획이 보류되었다. 항일전쟁 승리 이후 후난성 정부는 1947년 2월에 창사 상수도주식회사준비위원회를 설립해 후난전기공사와 공동으로 공장을 설립하기로 했으며, 독일에서 유학했던 전기 전문가 지빙쿠이(李炳奎) 사장을 기술자로 초빙했다. 그러나 지빙쿠이가 다른 곳으로 직장을 옮김과 동시에 이 계획도 좌초되었다. 신중국 성립 이후 1951년 1월에 이르러서야 공사를 다시 시작했고, 같은 해 10월에 제1기 물공장 공사가 준공되었다. 수돗물 한 모금을 마시기 위해 반세기나 기다려 온 창사 시민들의 수돗물 역사에서 새로운 장이 열렸다. 민국의 수도였던 난징(南京)에서는 1929년에 이르러 수돗물 공장 건설이 시작되어 1933년 3월에 시험 운행하였다. 그나마도 급수관망이 매우 작아서 급수 대상은 정부 기관과 관리로 제한하였으며, 첫 번째 이용자는 겨우 29세대에 그쳤다. 기술 또한 매우 낙후되어서 1급

상하이 양수푸 처리장은 1881년에 건설된 중국 최초의
현대화된 지상 상수처리장이다. (비주얼 차이나)

베이징 수돗물 공장 옛터. (비주얼 차이나)

정화수를 정화한 다음의 소독 절차는 아예 없었다. 신중국이 성립된 1949년에 이르기까지 전국에서 수돗물 공장을 가지고 있는 도시는 72곳밖에 없었다. 수도관 총연장은 6,589㎞였으며, 하루 수돗물 생산량은 약 186만㎥였다.

상수도 시설이 구비된 도시는 많지 않았을 뿐만 아니라 분포도 고르지 않았고 기술 또한 낙후되었다. 상대적으로 동남부 해안 지방에 집중되어 있었다. 서남 지방에는 쿤밍, 충칭, 청두 등 몇몇 대도시에만 물공장이 있었다. 서북 지방에서는 신중국 성립 이전까지 수돗물이 완전히 공백 상태였다. 시안(西安)은 1937년에 수돗물 공장을 건설하였지만, 결국 난수공사가 되었다. 란저우(兰州)는 1946년에 수돗물 공장을 건설하기 시작하였는데, 정치 부패로 재정이 궁핍하여 1년도 되지 않아서 그만두었다. 서북 지방의 이 두 주요 도시에서 민중이 수돗물을 마시게 된 것은 신중국 성립 이후의 일이다. 민국 시기에 이미 건설되어 사용되었던 상수도 시설의 편리를 누린 사람은 극히 적었던 데다가 흙 침전지, 슬로우모래그 여과지 등의 간단한 공법을 주로 사용하였다. 후기에 들어 점차 이멀전-저수지 침전-쾌속 여과-소독정수 기술을 채택하였다. 급수 수질에 관한 위생 기준은 지방에 따라 제각각이었으며 국가 표준이 존재하지 않았다.

1949년 신중국 성립은 국민의 식수 역사에 있어 새로운 장을 열었다. 신중국은 성립된 지 얼마 지나지 않아서 민국 시기에 중단된 급수 공사를 재개하는 동시에 자체적으로 새로운 급수 시설을 설계·건설하기 시작하였다. 예컨대 베이징 제2, 3, 4, 5 물공장이 잇따라 건설되어 생산에 들어갔으며, 허난성 신향(新郷) 급수 공사, 푸젠성(福建省) 푸저우(福州) 홍산차오(洪山橋) 수돗물공장, 장쑤성 우시(无锡) 메이위안(梅園) 수돗물공장, 상하이 창차오(長橋) 수돗물공장, 톈진 자오위안(芥園) 수돗물공장 확장 공사, 란저우시 시구(西固) 제1물공장의 황하 취수 공사, 허난성 뤄양시, 네이멍구 바오터우시 대형 도랑 공사 등을 거쳐 잇따라 수돗물 생산을 시작하면서 더 많은 중국인이 수천 년 동안 의지해 온 우물에 더 이상 의지할 필요 없이 안전하고 깨끗한 수돗물을 마실 수 있게 되었다. 이와 동시에 중국 정부는 전국에서 민중적 애국위생운동을 제창해 1952년 불과 반년 동안 전국에서 우물 130만 곳을 개축했고, 쓰레기 1,500여만 톤을 치워 28만 km의 통로를 소통시켰으며, 490만 개의 화장실을 새로 지었다. 이런 조치들은 물로 인해 생겨났던 악성 전염병의 발생을 강력히 억제하였다.

중국 정부는 식수 안전 문제를 우선 해결하는 동시에 다른 관련 조치도 취했다. 첫째, 위생 방역에 관한 법률 및 법규를 제정하고 독성 전염병은 반드시 규정된 시간 내에 국가위생부에 보고하도록 규정했다. 예컨대 콜레라와 관련된 규정의 경우 일단 역병이 발생하게 되면

도시에서는 반드시 12시간 내, 농촌에서는 반드시 24시간 내에 보고해야 한다. 당시에 국가 교통 통신 여건이 극도로 낙후돼 있었다는 점을 감안하면, 이런 요구 수준은 매우 높은 편이었다. 둘째, 전국 각지에 위생방역소를 설치했다. 1952년 말까지 각급 및 각종 위생방역소 147개와 각종 전문 방제소 188개를 설립하였으며, 위생방역 인원은 총 20,504명에 달하였다. 셋째, 위생 교육 홍보를 강화하고, 민중의 위생 질병 방지 의식을 제고했다. 이와 같은 신속하고 강력한 종합 조치의 효과로 1820년에 중국으로 유입돼 여섯 차례의 대유행을 거쳐 수많은 사망자를 초래한 콜레라라는 맹렬한 전염병은 1952년 톈진에서 발생한 마지막 환자를 끝으로 중국에서 기적적으로 사라지게 됐다.

신중국 성립 이후 첫 30년을 되돌아보면 중국의 수도사업은 크게 발전하였으나, 이는 하나의 과도기이기도 했다. 도시에서는 대다수 주민이 점차 우물을 사용하지 않고 주로 공공 급수 방식의 수돗물 공급을 이용했다. 즉, 깨끗하고 안전한 식수 문제는 해결되었으나, 식수 편리의 문제가 여전했다. 대부분의 경우에는 수돗물이 각 세대까지 직접 공급되지 않는 상태였다. 농촌에서는 우물을 파는 데 있어 수공구를 대신하여 기계와 전기를 사용하게 됐지만, 여전히 우물이 주요 식수 공급원이었다.

도시에서 수돗물이 주민들의 집마다 들어오려면 대규모 수돗물공장의 건설, 장거리 대규모 지하 급수관망의 설치, 도시 전체 도로와 주택 개조에 따른 경제 발전과 충분한 재정 확보가 필요하다. 그러나 신중국 성립 이후 첫 30년 동안에는 이와 같은 조건을 갖추지 못했다. 그동안 방치되었던 모든 일을 다시 시행하기를 기다리고 있던 시기에 중국 각급 정부는 주민들의 식수를 개선하기 위하여 고단하고 힘든 일임에도 불구하고 엄청난 노력을 기울였다. 신중국 성립 직후 베이징 시정부는 바로 충원구(崇文區), 롱쉬구(龍鬚溝), 진위츠(金魚池) 등 빈민 지구에 4개의 공용 급수소를 설치하여 베이징의 수돗물이 민중에게 보급되는 큰 막을 열었다. 불과 10여 년 만인 1960년대 중반까지 공용 급수소는 2,677개가 설치되어 수돗물 보급률은 99.86%에 이르렀다. 상하이에서는 신중국 성립 당시에 겨우 355개에 지나지 않았던 공용 급수소가 1960년대 중반에 들어서는 3,903개로 늘어나서 십여 년 동안 10여 배나 증가하였다. 이 숫자는 1979년에 절정에 이르러서 시 전체에 급수소가 총 4,490개에 이르렀다. 중국의 다른 크고 작은 도시에서도 대체로 이와 같은 발전 과정을 거쳤다. 현재 도시에서 50세가 넘은 사람들은 어린 시절의 기억 속에 10미터 정도 높이의 수탑이 자리 잡고 있는 경우가 적지 않을 것이다. 공장의 급수 및 채취한 지하수를 저장하여 높이의 차이로 형성된 압차를 이용해서 급수점으로 물을 수송하여 주는 것이 그러한 수탑들이 가진 기능이었다.

급수점은 대개 도시의 골목길과 주민 주택 마당이나 기업소 마당에 설치되었으며, 이를 관리하는 전문직도 배치되어 있었다. 주민들은 물을 공급받을 때 미리 구입한 수표를 관리자에게 교부해야 했다. 매일 고정된 시간에 물을 공급받아야 하므로, 급수 시간에 줄을 서서 물을 받는 것이 당시 중국 도시 거리의 한 풍경이었다. 수시로 물을 이용할 수 있도록, 집마다 물을 저장하는 물항아리나 물을 긷는 물통과 멜대가 비치되어 있었다. 급수점에서 가까운 집도 있었지만, 거리가 먼 집도 있었다. 급수점과 거리가 먼 경우에는 수백 미터 넘게 가서 물을 길어 와야 하였기 때문에 여간 힘든 일이 아니었다. 겨울에 물을 공급받는 것은 더욱 어려운 일이었다. 특히 물이 금방 어는 북방에서는 공용 수도꼭지가 실외에 설치되어 있어서 수도관이 얼지 않도록 볏짚줄이나 솜털 등으로 동복을 입혀야 하였다. 그럼에도 불구하고 수도관이 얼어붙는 일이 잦아서, 뜨거운 물을 끓여 이를 녹인 다음에 이용해야 하였다. 심지어 약수관이 동파되어 수리가 필요한 경우에는 주민들이 오랜 시간 동안 기다려야 하였다.

중국 정부가 1978년에 개혁개방 정책을 실시함으로써 중국 경제 및 각종 사업은 눈코 뜰 새 없이 발전하였고, 식수 공급 사업 역시 비약적으로 발전하였다. 예전에는 꿈에서만 그렸던 주민들의 집까지 수

1952년, 장쑤성 난징의 한 주민이 가두의 급수처에서 수돗물을 구매하고 있다.
(비주얼 차이나)

1980년, 베이징의 한 우물가에서 물을 길으려고 기다리는 한 가족.
(비주얼 차이나)

돗물이 직접 들어오는 취수 방식이 드디어 실현되었다. 베이징에서는 1984년까지 삼환(三環) 도로 이내의 공용 급수처가 모두 거주민들의 골목 안까지 들어가, 주민들이 멀리 나가지 않아도 바로 물을 공급받을 수 있게 되었다. 20세기 말이 되자 수도관이 집마다 부엌 및 화장실에 연결되는데 이르렀다. 상하이에서는 1999년 6월에 루완구(盧灣區) 리위안로(麗園路) 713번지 안에 있던 마지막 공용 급수소가 철거되면서, 수돗물이 상하이의 모든 집마다 들어오게 되었음을 알려 주었다. 베이징이나 상하이와 마찬가지로 중국 기타 여러 도시에서도 개혁개방 첫 20년 사이에 수돗물이 모든 주민의 집으로 흘러 들어갔다. 이 달콤하고 맑은 물은 톈진과 다롄의 물공장에서 수돗물 밸브를 처음 열었을 때로부터 꼬박 일 세기가 걸려서 중국 모든 민중의 집으로 흘러 들어가게 되었다.

수돗물이 집까지 들어올 수 있는 것은 도시마다 바닥 밑에 거미줄처럼 촘촘한 배관 체계가 설치되어 있기 때문이다. 베이징의 경우에는 21세기 이래 급수관망이 매년 평균 300여 km씩 증가하여 급수 범위도 오환(五環) 외부까지 확장되었다. 2010년까지 베이징의 급수관 총연장은 24,147㎞로 신중국 성립 초기 베이징 급수관 총연장의 67배, 중국 전국 상수도 급수관 총연장의 3.7배에 이르게 되었다. 상하이에서는 1949년에 137㎢였던 급수 면적이 2016년까지 6600㎢

1981년 상하이시 양푸구 팔태두 부근에 살던 주민들이 골목 입구에 있던 급수소에서 수돗물을 공급받고 있다. (비주얼 차이나)

로 확대되면서 도시 급수관망의 총연장이 해방 초기의 841㎞에서 35,000㎞로 40배 이상 늘었다. 중국 국가통계국에 따르면 2010년까지 전국의 도시와 읍에서 급수관 총연장이 1,028,800㎞로 옛 중국 모든 상수도 급수관 연장의 155배에 이르렀다.

중국 정부는 도시에서의 급수 사업을 발전시키는 동시에 농촌 주민들의 식수 조건 개선을 중시하였다. 1990년대부터 농촌 식수난

청두 상수도 제6공장 쉬옌허(徐堰河) 급수점. (비주얼 차이나)

해결을 정식으로 국가 중대 사업계획에 포함시켰다. 중국 정부는 〈2005~2006년 농촌 식수 안전 응급 공사 계획〉, 〈전국 농촌 식수 안전 공사 제15차 계획〉과 〈전국 농촌 식수 안전 공사 '12차 5개년' 계획〉 등의 중대 정책을 잇따라 실시하였는데, 이와 같은 정책을 "농촌 식수 안전 프로젝트 또는 사업"이라고 통칭한다. 이 사업은 수질과 수량에 관한 명확한 요구를 제시하였을 뿐만 아니라, 급수 편리에 관하여서도 상세하게 규정하였다. 즉 평야와 얕은 산간에서는 모두 집까지 들어가는 집중 급수를 설치하고, 산악지방과 목축지방 등 입주 조건이 갖추어지지 않은 곳에서는 집중 급수점에서 물을 급수를 하는데 사람이 물을 운반하는 시간이 왕복 10분을 초과하는 일이 없도록 하였다. 2005년부터는 농촌 식수 안전 공사를 실시하여 2010년에 이르기까지 총 5억 5,900만 명에 이르는 농촌 주민의 식수 안전 문제를 해결하였다. 2016년 말까지 중국 농촌의 집중 급수율은 84%, 수돗물 보급률은 79%에 이르렀다. 2019년 말까지 중국 농촌의 집중 급수율은 86%, 수돗물 보급률은 82%에 이를 전망이다.

역사적으로 식수난이 존재하였던 일부 성에서도 식수 안전 문제 해결이라는 목표는 이미 실현된 지 오래다. 천 년 동안 물 분쟁이 지속되었던 산시성에서는 '농촌 식수 안전 공사'를 실시함으로써 2018년 11월까지 농촌 식수 공사 33,000곳을 건설하였는데, 농촌에서 상수도 보급률이 92%, 집중 급수율이 95%에 이르러 모두 2,418만 농촌 인구가 혜택을 누리고 있다. 콜레라로 수만 명이 사망했던 산시성에서는 2017년과 2018년 2년 동안에만 58억 위안을 들여 농촌식수안전사업을 벌여 841만 6,500명의 식수 안전 문제를 해결 및 개선함으로써 농촌 집중 급수율 95.3%, 상수도 보급률 93.2%를 기록했다.

농촌 주민의 식수 조건 개선의 보폭은 식수 안전 공사로 인하여 보편적으로 빨라지고 있는데, 가뭄이 극도로 심각한 지방의 사람들까지 따라올 수 있을까? 그렇다. 그들은 뒤처지지 않고, 오히려 앞서 나갔다. 중국 서북부에는 닝샤 후이족 자치구가 있는데, 그 남쪽에는 시하이구(西海固)라는 곳이 있다. 이 지명에는 '바다 해(海)'자가 하나 들어 있지만, 실제로는 황토고원에 10년 중 9년이나 가뭄을 겪는 황량한 사막지대로서 물이 극도로 부족하다. 그곳은 연간 증발량이 2,000㎜에 달하는 반면에 강우량은 이의 10분의 1밖에 되지 않아, 중국에서 최악의 가뭄 지방 가운데 하나이다. 시하이구를 언급하면 사람들은 청나라의 산간(陝甘) 총독이었던 좌종당(左宗棠)이 그곳을 일컬었던 말을 떠올릴 것이다. 바로 '고척갑천하(苦瘠甲天下)'라는 다섯 글자이다. 40여 년 전까지 집마다 물을 저장하는 웅덩이가 있었는데, 여름에는 비를 모으고 겨울에는 눈이나 얼음을 저장함으로써 마을 주민들의 주요 담수원이 되었다. 사람들은 눈비와 얼음을 빼앗으려다가 싸움이 벌어져서 다치거나 죽기도 하였다. 노인들은 다음과 같이 회상한다. "그 물이 너무 쓴 까닭에 가축까지도 마시기 싫어하였으니 사람은 말할 것도 없었다. 그리고 솥을 씻은 물도 버리기가 아까워서 저장하여 두었다가 다음날까지 계속 사용하였다. 물이 너무 아까워서 설거지 대신 사용한 밥그릇을 그냥 걸레로 닦기만 하고 말았다." 물 웅덩이가 바닥을 드러내면 물을 구하러 수십 리, 심지어 수백 리 산길을 걸어야 하였다. 가끔씩 비가 내리면 사람들은 비를 피하는 것이 아니라 비를 맞으며 옷을 흠뻑 적셨고, 비가 그치면 집으로 가서 옷을 벗고 몸을 닦아 말리는 식으로 몸을 씻었다. 극히 가물었을 때에는 몹시 목마른 참새가 트랙터 옆에 있는 디젤통 속의 디젤유를 쪼아 마시기까지 하였다. 1973년에는 심각한 가뭄으로 인하여 동심현에서는 묘당 평균 4.1kg, 해원현에서는 묘당 평균 5.2kg의 곡물을 산출하는 데 그쳤다. 1972년에 국제연합 식량개발청은 시하이구를 '인류 생존에 있어 가장 부적합한 곳 가운데 하나'로 평가하였다.

현지 민중의 식수난을 감안하여 중앙에서부터 현지 각급 정부까지 한 마음으로 황허의 물을 고원으로 이끌어 내는 대형 공사를 실시함으로써 민중이 곤경에서 벗어날 수 있도록 결단을 내렸다. 1973년부터 2003년까지 30년 동안의 꾸준한 노력 끝에 정부 투자를 바탕으로 퉁신(同心) 양수공정, 구하이(固海) 양수공정, 구하이쿼관(固海扩灌) 양수공정 등 세 가지의 대형 양수 시설을 차례로 건설하였다. 총 29기의 8급 펌프장, 460여 미터 높이의 양정, 총연장이 464㎞나 되는 수로, 1443기의 수공 건축물을 통하여 매년 4억 5,000만㎥의 황허 물을 고원으로 끌어올렸다. 생명의 물은 구하이 관개구에 빠르게 흘러 들어가서 3개 시와 6개 현의 170여만 묘의 토지, 관개지구 및 주변 산간지역 60여만 명의 사람들에게 혜택을 베풀고 있다. 오늘날 관개구에 들어서면 농작물이 풍성하고 산림이 무성하며 소와 양이 곳곳에서 떼를 짓는 경치를 볼 수 있다. 관개지구의 한 농가 마당에 들어서면 깨끗한 실내에 냉장고, 텔레비전, 오디오, 컴퓨터, 음수기 등 현대적 가전제품이 눈에 띨 것이다. 기자가 2019년 5월에 원주구, 해원현, 동심현에 있는 마을을 두 곳씩 들어가 보니 집마다 수돗물이 흐르는 것을 볼 수 있었다. 해원현 이왕진(李旺鎭) 양산(楊山)마을에 사는 80대 농민 양구산 씨는 기자에게 다음과 같이 말하였다. "이제 수도꼭지만 틀면 물이 콸콸 흘러나오는데, 생전에 깨끗한 수돗물을 마실 수 있게 될 줄 미처 몰랐어요."

구하이(固海) 양수사업의 '용두(龍頭)'인 취안산(泉眼山) 펌프장에서 기계가 작업하는 소리가 울리며, 세차게 흐르는 황허 물이 수구로 들어와 거대한 파이프를 타고 닝샤에서 가장 가뭄이 심각한 지방으로 수송된다. (비주얼 차이나)

맑은 물은 식수의 안전뿐만 아니라 경제 및 사회 발전도 가져왔다. 2018년에 구하이양황(固海揚黃) 관개구의 농림목축은 총수입 30억 6천 위안, 1인당 소득 6147.93위안으로 1980년의 201배에 이르렀다. 수많은 사람들이 사업을 하거나 일자리를 구하러 나감으로써, 빈곤에서 벗어나 여유롭게 사는 길로 걸어가고 있다. 교정 안에는 아이들의 낭랑한 책 읽는 소리가 퍼져 있으며, 관개지구에서 취학 연령이 된 아동의 취학률은 100%에 이르렀다. 할아버지와 할머니가 40여 년 전의 추억을 이야기하는 것은 아이들에게 먼 전설처럼 들린다. 닝샤 후이족 자치구 시하이구의 거대한 변화는 개혁개방 40년 동안의 중국 이야기들 가운데 특히 감동적인 것 중 하나이다.

중국 정부는 농촌 식수 안전사업을 추진하는 과정에서 자연 조건이 초래한 물과 관련된 질환이 유행하였던 지방에 각별한 관심을 기울였다. 현재 흡충역구역, 비소병구역, 물과 관련된 중환 구역 등의 식수 안전 문제가 모두 해결되었다. 그리고 중도 플루오린 구역과 중증 플루오린 구역의 식수 안전 문제도 대체로 해결되었다. 물에 노출된 역병에 대하여 말하자면 예컨대 천만 명의 목숨을 앗아간 콜레라, 장티푸스 등의 악성 질환은 완전히 사라졌다. 그뿐만 아니라 맑고 안전한 식수의 집중 공급과 집 안까지 연결된 수도 라인으로 인해 생활의 편리함과 편안함을 가져다 주었고, 농촌 주민의 삶의 질도 향상되었다.

수돗물이 들어오는 곳에는 절반의 농가가 세탁기나 태양열 온수기 등의 가전제품을 구입했으며, 재래식 화장실도 수세식 화장실로 교체되었다.

농촌 주민들도 나날이 현대 문명사회의 혜택을 누리고 있다. 2000년에 열린 UN 밀레니엄 정상회의에서 채택된 《국제연합 밀레니엄 선언》에서 세계 191개 회원국은 "2015년까지 안전한 식수와 기본적 위생시설을 지속적으로 얻지 못하는 인구의 비율을 절반으로 줄이겠다"라는 목표에 서명하였다. 유니세프와 세계보건기구는 2015년 7월 30일에 발표한 '2015년 식수 및 위생시설 상황과 밀레니엄 발전 목표 평가' 보고서에서 중국은 목표를 실천했음을 선포하였다. 보고서에 따르면, 식수 문제가 개선된 중국 인구는 95%에 이르고, 양호한 위생시설의 수혜 인구는 87%에 이른다. 실제로 농촌 식수안전공사가 시행되면서 중국이 약속한 목표는 2009년에 이미 달성되어, 유엔에서 목표로 내세운 시한보다 6년이나 앞당겼다.

2009년 9월, 하이난성(海南省) 하이커우시(海口市)의 오지마을에 심정(深井) 수돗물이 생겨 민중이 함박웃음을 짓고 있다. (비주얼 차이나)

　　중국의 1인당 수자원 보유량은 세계 1인당 평균의 1/3도 되지 않아 중국은 세계에서 수자원이 가장 부족한 나라 가운데 하나다. 중국이 직면한 문제는 장기간, 대규모 그리고 집중적인 물 공급에 있어 현지의 수자원 특히, 양질의 수자원 부족이다. 중화민족의 생존과 발전의 백년, 천년 대계를 위하여 1949년 이래, 특히 개혁개방 이래 중국 정부는 수십 개의 대형 장거리 물 조절 공사를 계획하여 건설하였다. 예컨대 샹강의 물 부족을 해소하기 위하여 1963년에 착공하여 1965년

시베이 지방에서 가장 규모가 큰 인대입진(引大入秦) 공사 중
총길이 565m나 되는 도색 공사 부분. (중신사)

단장커우수고(丹江口水库)와 단장커우 댐. (비주얼 차이나)

1월에 준공한 83km 길이의 둥장(東江)─선전(深圳) 급수공사, 1960년
대에 건설이 시작되어 총 404km에 이르는 50개 현과 4,000여만 명
의 인구가 혜택을 누리고 있는 장쑤성 강물 북조공사, 1980년대에 허
베이성(河北省) 란허(灤河)를 톈진까지 끌어놓은 234km 길이의 인란
입진(引灤入津)공사, 1989년에 건설되어 황허 물을 칭다오까지 끌어
놓은 총길이 291km의 인황제청(引黃濟青)공사, 1990년대에 건설되어
황허 물을 362km나 되는 거리를 거쳐 허베이성 바이양뎬으로 끌어

항공 촬영으로 남수북조 중선 공사인 타오차쥐서우(陶岔渠首)에서 단장커우 댐의 맑은 물이 은하수처럼 간선을 통하여 북쪽으로 흘러가는 모습을 보여주고 있다. (비주얼 차이나)

놓은 인황입기(引黃入冀)공사, 21세기 초에 황허 물을 산시성 타이위 안(太原)과 다퉁(大同)과 쉬저우(朔州)까지 끌어놓음으로써 산시성의 물 부족 문제를 근본적으로 해결한 49.8km 길이의 인황입진(引黃入晉) 공 사 등이 있다.

남수북조 공사 중 훙쩌(洪澤) 정거장 부분. (비주얼 차이나)

신중국에서 원래의 하천 유역을 벗어나 하천수를 공급하는 거대한 공사 가운데 간쑤성, 칭하이성 접경지대에 자리 잡은 다퉁허 물을 간쑤성 진왕천(秦王川) 분지까지 끌어놓은 인대입진 공사는 반드시 역사에 기록될 것이다. 일찍이 20세기 초인 1908년(광서 34년)에 청나라 정부는 관리를 파견하여 진왕천으로 물을 끌어놓는 계획을 세웠으나, 공사가 너무 어려워서 그만 두게 되었다. 민국 정부는 1940년, 1941년, 1945년 세 차례에 걸쳐 진왕천으로 물을 끌어놓는 수로공사를 실시하였으나 수원, 지형, 기술, 비용 등의 이유로 결국 허사가 되었다. 신중국 개혁개방 시대에 접어들어서야 현지인들은 백년 동안 가져 왔던 염원을 이루었다. 하늘에 오르는 것만큼 어려운 이 공사는 1976년 착공부터 2015년 준공까지 39년이라는 긴 시간이 소요되었다. 도도히 흐르는 강물은 숭산준령을 건너 총연장이 110km나 되는 77개의 터널을 관통하고 868km에 이르는 수도를 지나서 란저우, 바이인(白銀), 징타이(景泰), 가오란(皋兰), 융덩(永登), 톈주(天祝) 등의 200만 명이 넘는 민중의 용수난 문제를 드디어 해결하였다.

위에서 말한 물 조절 공사는 기세가 웅장하다고 할 수 있으나, 광활한 중국 땅에서는 그저 지역적인 작품일 뿐이다. 세계적으로 널리 알려진 남수북조 시기의 공사야말로 대서사시 급의 대작이다. 이 미완의 대작은 오늘날까지 꼬박 100년을 써 왔다. 일찍이 1919년에 민국 국부 쑨원은『건국방략』에서 장강 물을 황허 유역으로 돌리는 "거대한 장강을 끌어와 메마른 황허를 지원하자(引江洪濟河旱)"라는 구상을 제기하였다. 1952년 10월 30일, 중화인민공화국의 개국 지도자인 마오쩌둥(毛澤東)은 황허를 시찰하면서, "남쪽은 물이 많고 북쪽은 물이 적다"며 "가능하다면 물을 조금 빌려 와도 된다"라고 언급했다. 이후 수십 년 동안의 조사, 연구, 논증 끝에 50여 가지의 방안을 분석하고 비교함으로써 장강 상, 중, 하류에서 물을 조절하는 서, 중, 동의 세 가지 노선 방안을 형성하였으며, 공사 기간은 50년으로 계획하였다. 1991년 4월, 중국의 최고입법기구인 중국전국인민대표대회는 '남수북조'를 8차 5개년계획과 10개년 계획에 포함시켰다. 공사 계획 구역의 인구는 4억 3,800만 명이며 연간 물 조절 규모는 448억㎥에 이른다. 세 가지 물 조절 노선의 총연장 거리는 4,350km에 이른다. 동선 공사는 남쪽으로 장강 하류에 위치한 양저우에서 북쪽으로 톈진까지, 수로의 주요 간선 연장은 약 1,156km로 급수 범위는 장쑤, 안후이, 산둥, 허베이, 톈진 등 5개 성 및 시에 걸쳐 있으며 급수 제공 인구는 1억여 명이다. 또 하나의 노선은 동쪽으로 새로 개척된 지아오둥(膠東)지구의 물 간선을 통하여 인황제청(引黃濟靑) 통로와 연결됨으로써, 지아오둥지구에 물을 공급한다. 중선 공사는 남쪽으로 한장(漢江) 중상류 단장커우수고에서 시작하여 허난, 허베이, 톈진을 거쳐 베이징까지 총 1,432km에 이르는 인공 대운하가 15만 5,000km²에 이르는 넓은 지역에 자리 잡은 20여 개 도시에 생활용수와 생산용수를 공급한다. 2002년 12월 27일에 동선 공사가 착공되었고 11년을 거쳐 2013년 8월 15일에 동선 1기 공사가 전 구간에서 통수되었다. 2003년 12월 31일에 중선 공사가 착공되어 11년을 거쳐 2014년 12월 12일 오후에 장강 물이 베이징에 도착하였다. 현재 계획 중인 서선 공사는 21세기 중엽에 완성될 예정이다.

쓰촨성 청두(成都)평원 서쪽에 있는 민강에는 지금까지 세계에서 가장 오래되고 유일하게 보존되며 운행되고 있는 웅대한 수리공사인 두장옌(都江堰) 공정이 있다. 이 공사는 촉군(蜀郡) 태수인 이빙(李冰)이 진소왕(秦昭王) 말년(약 기원전 또는 BC 256년~기원전 251년)에 주관하여, 2,200여 년 동안 청두 평원을 지켜왔다. 지금까지 관개구역은 30여 개의 현(縣), 1,000만 묘에 가까운 면적에 이른다. 공사가 완공된 지 약 150년이 지난 후 서한(西漢)의 위대한 사학자 사마천(司馬遷)은 불후의 저서『사기(史記)·하거서(河渠書)』에 이 공사를 다음과 같이 기록하였다. "촉군 태수인 이빙은 하상의 퇴적물을 긁어 말수의 범람으로 인한 피해를 모면하고 두 강을 뚫어 청두(成都) 가운데를 흐르게 하였다. 이 도랑은 모두 배가 다닐 수 있고, 남는 물은 관개용으로 사용하여 백성들이 그 혜택을 누렸다. 이 물길이 지나가는 곳에서는 그 물을 논밭에 끌어다가 대니 그 혜택을 받은 자가 헤아릴 수 없이 많았다."2,200 여 년 후에는 이빙의 후손들이 수천만 년에 걸쳐 지구 위에 형성된 창장(長江)과 황허(黃河) 양대 수계의 흐름을 인간의 의지에 맞게 재조정하였다. 이 쾌거를 미래 역사가들은 어떻게 기록하고 평가할지 알 수 없지만, '위대하다'는 한 단어만으로는 그 웅장한 모습을 표현하기에 부족하다. '당대에 발생한 하나의 지리적 사건' 혹은 '모든 세대를 통틀어 최고의 지질학적 사건' 등 어떻게 평가하든지 간에 두장옌을 건설한 중화민족의 능력은 인류의 치수 역사상 또 다른 2,000년을 기약할

쓰촨성 청두 두장옌. 민강을 내강과 외강으로 물들이는 '어취(魚嘴)'는 두장옌의 3대 주요 공사 중 하나이다.
(비주얼 차이나)

수 있다.

1973년, 저장성(浙江省) 위야오현(余姚县) 허무두(河姆渡) 마을 주민이 수리공사 중에 신석기 시대 유적을 발견하였다. 이곳은 발굴 이후 세계적으로 유명한 허무두 유적지가 되었다. 유적지 안에는 나무로 만든 우물이 하나 있다. 사각형 갱구의 변장은 2m이며 깊이는 1.35m이다. 이 우물은 7,000년이라는 긴 역사를 가진 최초의 인공 우물로 추정된다.

우물, 중화민족이 그렇게 오랫동안 귀하게 여겼던 이 낡은 시설은

두장옌 보평구(寶瓶口) 풍경. (비주얼 차이나)

이제 우리의 삶에서 사라지게 되었다. 고고학 유적지, 명승고적, 고대 시인의 시편, 우리의 추억 속에서만 우물을 만날 수 있을 것이다. 그러나 서운할 것은 없다. 당대 중국인들은 '산과 물은 눈에 담고, 향수는 마음에 담는다'는 이념에 따라 고향을 건설할 것이다. 푸른 산과 물이 있는 한, 고향의 물은 영원히 감미로울 것이다.

허무두 유적지에 위치한 인공 우물. (회도망)

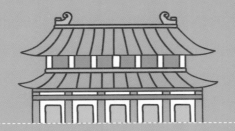

제2장

'상하이 농탕(弄堂)'에서
'현대화 생태 단지'로

중국을 알면 세계가 보인다

주거문화

2018년, 상하이에서 오랫동안 근무해 온 간쑤(甘肅)성 청년 리(李) 군은 상하이 교외에 위치한 집 한 채를 구입하였다. 리 군에게 있어서 200만 위안에 가까운 상업 대출금은 천문학적인 액수이지만, 다행히 리 군은 부모로부터 많은 도움을 받았다. 중국에서 젊은이들이 주택을 구입할 경우에는 부모로부터 자금을 지원받는 경우가 많은데, 이는 물론 부모가 그만큼의 소득을 올릴 수 있는 경제적 능력을 갖추고 있다는 것을 의미한다. 리 군의 어머니는 여러 번이나 이사를 한 경험을 들려주었다. "1974년에 향 정부에 취직하였을 때 제공된 흙담집에 살았는데, 여름에는 더위가 심하고 겨울에는 얼음 창고처럼 추워서 얼마나 생활이 힘들었는지 모른다"라고 회고했다. 그리고 "1984년부터 1994년까지 10년 동안 처음에는 40m² 아파트에서 살다가 나중에 방 두 개 거실 하나인 70m² 크기의 아파트로 이사하여 살았는데, 집 임대료가 매우 낮고 그냥 상징적인 비용일 뿐이었다."라고 회상했다. 2000년대에 접어들면서 경제의 고도성장과 정부의 여러 정책적인 지원 덕분에 리 군 일가의 집 면적은 점차 확대되었고 각종 편의시설도 갖추게 되었다.

리 군의 경력과 소감은 중국의 1970년대생(치링허우)과 1980년대생(빠링허우), 심지어 1990년대생(지우링허우) 청년들의 공통적 경력과 경험이기도 하다. 신중국 성립 70년이 지난 이후, 특히 개혁개방 정책

시행 이후 40년 동안 민중의 생활에서 일어난 변화는 격세지감을 느끼게 한다. 중국은 입고 먹는 것이 적고 자원이 부족하던 시절을 지나서, 사람들의 거주 공간과 생활 방식을 크게 개선하였다. 국민이 편안히 생업에 종사하며 행복하게 사는 꿈이 현실로 다가오고 있다.

1949년 신중국 성립 초기에 국민의 생활 모습은 오늘날과 천차만별이었다. 신중국 성립 이전의 민국 시기에 국민당 정부는 도시 주민의 주택에 관심을 가져 본 적이 없었다. 신중국의 신정부는 민중의 주거 시설을 개선하는 데 많은 관심을 기울였으나, 오랜 전란으로 폐허가 된 국가는 방치되었고, 정부의 재정 상태 역시 매우 곤궁한 상황이었다. 국가의 재정난이 심화되면서 신정부의 노력은 단기간에 효과를 보이지 않았고, 민중의 주거 여건은 상당 기간 안에 개선되기 어려웠다. 당시에 중국 주거 상황을 살펴보면 3대 심지어 4대까지에 걸친 대식구가 작은 평수의 집 한 채에 모여 사는 경우가 많았다. 현재 중국에서 가장 변화한 현대적 대도시 중의 하나인 상하이에 사는 '1985년 이후에 태어난 청년' 리 군은 1970년 전 상하이의 주택난을 상상도 할 수 없다. 1949년에 상하이의 1인당 주거 면적은 3.9㎡로 대략 침대 한 개의 크기였다. 줄지어 늘어선 작은 집들이 골목길을 이루자, 상하이 사람들은 이를 '농탕(弄堂)'이라고 불렀다. 통계에 따르면, 1949년 해방 직전까지 예전 상하이의 농탕은 3,840개였다가 철거되면서 수량이 계속 줄어들었다. 대부분의 농탕은 사람 한 명이 겨우 다닐 수 있을 정도로 좁아서 '일선천(一線天)'이라는 별칭으로 불리기도 하였다. 조금이나마 넓은 농탕은 공공 통로이자 주민들의 단체 주방 혹은 창고로서, 연탄난로와 자전거 등이 놓여 있었다. 양치질과 세수는 모두 집 앞 공공 수조에서 하고, 가래통이나 변기로 용변 문제를 해결하였다. 골목은 대부분 위층에 한 집이 살고, 아래층에 또 한 집이 살았다. 그리고 아래층에서 반 칸 정도를 위층과 아래층이 공동으로 사용하였다. 너무 좁은 데에다가 사람도 많았기 때문에 밤에 잘 때에는 침대, 침대 밑바닥, 심지어 책상 밑까지도 모두 잠자리로 사용하였다. 한 집에 10여 명의 식구가 한데 모여 자는 경우에는 커튼 하나로만 칸막이를 해놓고 잤다. 식구가 많아서 잠자리가 너무 부족한 경우에는 이웃이 잠든 이후 통로에 이불을 깔고 자기까지 하였다. 상하이 농탕에 살아 본 사람들이 그 당시의 궁핍한 거주 상황을 이야기하면, 거의 모든 집이 이러한 쓰라린 역사를 가지고 있다.

더욱 곤란하였던 곳은 산업 노동자들이 모여 살았던 구역이었다. 상하이는 중국의 상공업 중심지로서 산업 노동자가 비교적 집중되어 있는 도시다. 신중국 성립 초기에 시내의 노동자 집중 거주지역은 160여 곳이었는데, 대부분 마구 지어진 판자촌이었다. 곳곳에 노천 시궁창이 있어서 무더위가 찾아오면 악취가 코를 찌르고, 온통 파리

아파트에서 가장 눈길을 끌었던 것은 복도 바깥쪽에 있는 빨래 건조대가 마당에 꽉 차 있는 모습이였다.
(비주얼 차이나)

상하이의 '궁가(窮街)'인 광푸리(光復里).

광푸리의 분주한 사람들.

'일선천(一線天)'으로 불린 좁은 농탕에서 두 사람이 마주치면 '막다른 골목에서 만났다'는 말처럼 등을 맞대야 겨우 지나갈 수 있었다.

나 모기가 있었다. 겨우 2km² 정도의 푸타구 야오수구에 노동자 가족 1만여 명이 몰려 있었는데, 골목길 곳곳에 쓰레기가 쌓여서 위생 상태가 열악하였으며 역병이 유행하였다.

상하이에 거주하는 노동자의 열악했던 주거 상태는 개별적인 현상이 아니다. 해방 초기에 베이징의 한 노동자는 주택난 문제를 알리려고 중국에서 가장 영향력이 큰 신문인《인민일보》에 다음과 같은 편지를 썼다. "중국석탄건설기자재회사 베이징지사의 각 하치장들은 근무환경이 열악하며, 직원들은 주거 조건이 나빠서 충분한 휴식을 취하지 못하고 있다. 베이징석탄건설지사의 시직면(西直門) 목재공장 노동자들의 주거 문제는 더욱 심각하다. 대부분의 사람들은 깨진 돗자리 위에서 지내며, 출입할 때에는 고개를 숙이고 허리도 굽혀야 한다. 심지어 국민당군이 남긴 작은 토치카 하나에도 9명이나 밀려 살고 있다."《인민일보》가 편지에서 언급된 기업에 기자를 파견하여 조사한 결과, 편지에서 이야기한 것보다 더 형편없는 상황으로 밝혀졌다.《인민일보》기자는 다음과 같이 말하였다. "노동자들의 노동 조건과 숙박 조건이 열악하여 병드는 노동자들이 날로 늘고 있다. 4월 말부터 6월 초까지의 통계에 따르면, 영정문 외강(外江) 쑤의원(蘇義園) 기숙사에 사는 472명의 노동자 가운데 병에 걸린 사람이 103명, 매일 병 때문에 일을 못하는 사람이 20~30명, 노동자 병원 외과에서 치료받는 산업재해 노동자는 4월 하순 하루 평균 27명에서 5월 하순 하루 평균 39명으로 늘었다."

상하이의 '판자촌'은 '중원양만성(中遠兩灣城)'으로 화려한 변신을 이루어 널리 유명해졌다.
(비주얼 차이나)

1950년 초에 중앙정부 관련 부서는 톈진에서 베이양방직공장과 중국방직건설회사 등 몇 개 지사의 노동자 거주 조건을 조사함으로써, 노동자 거주 환경이 보편적으로 매우 열악하다는 것을 파악하였다. 베이양방직공장 여성 노동자들은 7~12명이 2층 침대가 있는 좁은 방 한 칸에 모여 살았으며, 어떤 방은 햇빛조차 잘 들어오지 않았다. 각 공장의 기숙사마다 실내 공기가 나빴고, 대부분은 가래통조차 없었다. 제2공장에는 가래통이 있기는 했지만, 며칠이 지나도록 가래통을 비우지 않았다. 숙소 가운데 거주 환경이 가장 나쁜 곳은 공장 소속

1948년 12월 산둥성 칭다오 시민들이 살던 집. (비주얼 차이나)

숙소들이었다. 대체로 실내에 연통이 없는 화로가 배치되어 있었는데, 창문을 열어 환기하는 것은 쉽지 않았다. 중방2공장 노동조합 주석 양수밍(楊樹明)의 어머니는 "매연에 질식하여 죽을 뻔하기도 하였다."라고 그때를 회상했다.

1952년 4월, 중국방직노동조합은 선양 마대공장과 모래토광산회사 노동자의 주거 실태를 조사한 결과에 따라 조사 보고를 발표하였다. "이 공장 노동자들의 노동환경과 생활환경은 매우 열악하여 생산과 노동자들의 건강에 심각한 영향을 끼쳤다. 노동자들이 사는 기숙사는 비좁고 더럽다. 사택의 경우 방 한 칸에 대여섯 가구가 살고 있다. 실내에 해먹을 설치하여 두 층으로 나누어 산다. 어떤 집은 햇빛이 전혀 들지 않는다. 위층에 사는 사람은 쌀이나 땔감을 모두 위에 가져다 두어야 한다. 그리고 계단이 매우 가팔라서 위험이 생길 때가 많다. 이렇게 많은 사람들이 한 곳에 모여 살기 때문에, 한 집에서 아이가 울면 모두가 자는 데 영향을 준다. 제2숙소에는 200여 가구가 모여 사는데, 여자 화장실이 하나밖에 없어서 여자들은 화장실에 가려면 줄을 서야 한다. 게다가 마당에 있는 우물도 고장이 났다. 독신 기숙사는 대판 구들인데, 방마다 10여 명이 살아야 하니 두 멍석 위에서 세 명이나 자야 한다. 제4숙소에는 200여 명이 사는데 화장실도 없이 변소만 있다 보니, 대소변이 도처에 보이는 데에다가 가래통조차 없다. 이 밖에도 아직 숙소를 얻지 못한 가족이 있는 노동자 280여 명이 있다. 선양시정부기업국(瀋陽市市政府企業局) 소속 모래토광산회사의 노동자 숙소는 캔버스로 만든 임시 천막으로, 노동자들은 돌로 만든 바닥에 세 치 남짓한 돌무더기를 쌓고 그 위에서 잔다. 어떤 노동자는 돗자리를 깔고 있으며, 어떤 노동자는 상반신에만 돗자리를 깔고 있다."라고 보고서에 실렸다.

위에서 언급된 도시들의 주거 실태는 중국의 다른 도시에서도 비슷한 현상이었다. 1951년에 중화전국총공회는 중앙정부에 시안, 푸순, 충칭, 양저우의 탄광, 방직, 야금, 전력, 화학 등의 산업 영역에 속한 55개 기업에 대한 조사 결과를 다음과 같이 보고한 바 있다. "많은 노동자들이 집이 없어서 터미널 매표소, 기계실, 목욕탕, 부서진 찻간 등에서 잠을 자거나 심지어 노숙을 하기까지도 한다. 어떤 노동자들은 사는 집이 있기는 하지만, 집이 어둡고 습한 데에다가 붐빈다. 심지어 기혼 및 미혼 형제자매들이 함께 살기도 한다. 기업들이 위치한 도시에서는 주택을 임대하기 어려워서 사람들이 멀리 교외로 나가 거주하게 된다. 많은 사람들이 출퇴근 시에 50~60리나 왕복해야 한다. 게다가 교통 불편으로 날이 밝기 전부터 출근길에 올라야 하며 날이 저물어서야 귀가하여, 하루 가운데 절반의 시간이 출퇴근길에서 소진된다. 이러한 곳에서 사는 노동자들의 기본적 주거 수요를 충족시키려면, 775만㎡의 신규 주택을 새로 마련하여야 한다."

중국은 노동자 거주 환경을 최대한 빨리 개선하기 위하여, 중앙에서부터 지방 각급 정부에 이르기까지 최대한 기타 비용을 절감하며 한정된 재정 내에서 자금을 조달하였다. 주택 건설 공사는 두 부분으로 나뉘어 진행되었는데, 하나는 기존 주거단지를 리모델링하는 것이었으며 또 하나는 '노동자 신촌'을 조성하는 것이었다.

1952년 초에 상하이 시정부는 노동자주택건설위원회를 특별 조직하고, 70곳에 총면적 500여 만㎡의 노동자주택단지를 정비하기로 결정하였다. 정비 내용은 하수구를 메워 도랑과 맨홀을 매설하고, 도로와 가로등을 마련하고, 공중화장실을 설치하고, 쓰레기통을 부설하고 급수소를 설치하는 것 등을 포함하였다. 이 거대한 계획으로 30만 명의 주거 환경이 개선되었다.

'노동자 신촌' 건설도 동시에 진행되었다. 1952년 초에 상하이는 서교 조양루(曹楊路) 인근에 노동자 1,002가구가 거주할 수 있는 200묘(畝) 부지를 조성하고, 주택가 이름을 '조양신촌(曹楊新村)'으로 지었다. 단지 내에는 주택 이외에도 유치원, 백화점, 식료품점, 진료소, 온수 공급소, 공중욕실, 공중화장실 등의 공공시설이 갖추어져 있었다. 연탄재나 자갈로 경화처리한 단지 내 거리에는 가로등이 있었고, 길가에는 화초와 나무가 심어져 있었다. 중국 노동자들이 꿈꾸던 '사회주의 노동자 신촌'에 처음으로 입주하게 된 것이었다.

'조양신촌(曹楊新村)'이라는 시범공정을 기초로 삼아 1952년 8월에 노동자주택 건축 1단계 사업이 전면 시작되면서 상하이 전역의 각 구에 총 1,000가구의 주택이 마련되었다. 주택단지 안에는 진료소, 우체국, 상점, 은행, 유치원, 초등학교 등의 공공시설이 들어서 있었다. 상하이의 일반 주민들은 이처럼 좋은 환경을 갖춘 주택단지를 본 적이 없었다. 특히 인정받는 점은 어린이를 위한 배려가 돋보였다는 것이다. 이 단지는 연립주택 사이에 공터를 만들어 어린이 놀이방을 설치하였고, 도보로 10분 이상 등교하는 일이 없도록 초등학교를 배치한 것이었다.

베이징에서는 신정부 성립 첫날부터 주민들의 주거 환경 개선을 중요한 사안으로 여겼다. 정부는 1949년부터 1951년까지 2년 동안 37만여㎡, 총 2만 4,700여 채의 공공임대주택을 지었다. 베이징은 노동자 숙소 문제 해결을 위하여 특별건축위원회를 조직하고 1952년 봄부터 15만 채, 총면적 90만㎡ 규모의 공공임대주택을 착공하였다. 이로써 많은 노동자들의 주택 환경이 개선되었다.

톈진에서 중국 정부가 1952년 봄에 착공하여 5만 채의 노동자 기숙사를 짓기로 결정하고, 3년 이내에 시내 노동자 주거 문제를 해결할 계획을 수립하였다. '노동자 신촌' 건설은 노동자들의 의견을 충분히

청취하고 여러 가지 형태의 견본 주택 방안을 설계한 후, 각 공장의 노동자와 가족들이 참관할 수 있도록 견본 주택을 건설하였다. 이렇듯 많은 노동자들의 참여로 노동자들이 만족하는 견본 주택과 공사 기준을 확정하였다.

1949년 이전까지 중국의 중공업은 대부분 둥베이지구에 집중되어 있었으며 전국 석탄 생산량의 49%, 주철 생산량의 87%, 강재 생산량의 93%, 전력 생산량의 78%, 철도 노선의 47.5%, 도로 노선의 17%를 차지하고 있었다. 이로 인하여 둥베이지구는 중국 최대의 노동자 밀집 지구였다. 신중국 이전 시기부터 노동자 주택난 해소를 위하여 둥베이 인민정부는 1950년대 초에 거액을 지출하여 173만㎡의 대규모 노동자 주택 건설을 계획하였다. 같은 해 10월에 100만㎡의 건물을 완공하였고, 9만여 명의 독신 노동자와 2만 8,000가구의 노동자들이 새집에 입주하였으며, 이후 70여만 채의 신축 기숙사가 1951년에 완공되었다.

둥베이지구 '노동자 신촌' 건설에서 선양은 당시 민중에게 있어 이상적이고 모범적인 사회주의 거주단지 여러 곳을 계획하고 건설하였다. 1952년 선양 정부는 '노동자 신촌'을 대대적으로 건설하기 시작하였다. 1기 공사는 73만㎡ 부지에 주택단지마다 가정식 주택, 독신 숙소, 행정 중심지구와 공원 등 4부분으로 나뉘었다. 주택은 모두 3층 건물로 전기, 난방, 가스, 상하수도, 벽장, 저장 공간 등이 완비되었으며 유치원, 초중등학교, 식당, 욕실, 상점, 진료소, 영화관, 도서관, 댄스홀, 운동장, 수영장, 소방서 등의 복지문화시설도 구비되어 있었다.

1952년 말까지 신중국 성립 3년여 만에 국가가 주택 건설에 사용한 비용은 이미 13억 2,300만 위안(1978년 불변가격)에 이르렀다. 기숙사 21만 7,550채를 새로 건설하여 신규 주택 면적이 1,462만m²나 늘어났고, 100여만 명에 이르는 집이 없던 사람들에게 새 주택을 공급하여 주었다. 이로써 노동자 주거 환경이 어느 정도 개선되다.

신정부는 최선을 다하였으나 전국적으로 노동자 주택 사정이 크게 나아지지는 않고 있었다. 이러한 상황이 초래된 중요한 원인 가운데 하나는 공업 생산 회복 및 발전 속도가 너무 빠른 반면, 노동자 주택 건설 속도가 공업 발전 및 도시 확장 속도를 따라가지 못하였기 때문이다. 1949~1957년 사이에 중국 경제에서 공업이 차지하는 비중이 크게 증가하였다. 1949년 전국 공업, 농업 총생산액 466억 1천 만위안 가운데 공업 생산액은 140억 2천 만 위안으로 약 30%를 차지하였다. 1957년 전국 공업, 농업 총생산액 1,387억 4천 만 위안 가운데 공업 생산액은 783억 9천 만 위안으로 56.5%를 차지하였다. 그 사이에 공업 생산액이 4.6배나 증가한 것이었다.

공업의 발전은 도시의 증가를 초래하였다. 1949년에 136개였던 전국 시급 도시는 1952년에 160곳으로 늘었다가 1957년에는 176곳으로, 8년 동안 도시가 40곳이나 늘었다. 이는 매년 평균 5곳씩 증가한 속도였다.

도시의 증가와 더불어 도시의 규모도 확장되었다. 오랜 전란으로 인한 경제 붕괴 이후 1950년부터 1952년까지 3년 동안을 중국 당대사에서는 '3년 경제 회복기'로 지칭한다. 이 시기가 끝난 1952년 말에 중국의 도시 인구는 1949년 5,765만 명에서 7,163만 명으로 증가하였다. 1953년부터 1957년까지는 중국이 제1차 5개년 계획을 시행하는 시기였다. 이 기간 동안 구소련이 156가지의 대규모 기초 공사를 중국에 제공함으로써, 중국의 산업화 진도는 가속화되었고 엄청난 노동력 수요가 뒤따랐다. 이에 따라 이 시기에 많은 농민들이 도시로 들어와 공장에 취업하면서, 도시의 규모가 급속도로 확장되었다. 1957년 말에 전국 도시 인구는 9,949만 명으로서 1952년보다 2,786만 명이나 증가하였다. 도시화 수준은 1949년 10.6%에서 1952년 12.46%로 증가하였다가 1957년에 이르러 15.39%로, 연평균 0.6% 가까이 증가하였다.

도시화가 가속화됨에 따라 특히 중공업 도시에서는 이전부터 심각하였던 주택 문제가 더욱 악화되고 있었다. 이와 같은 사실은 산시성

⒀西省⒁ 타이위안시(太原市)에 관한 1951년 12월 28일자 《인민일보》 보도를 통하여 잘 알 수 있다. 보도는 다음과 같이 언급했다. "1949년에 24만 명이었던 화이난 인구는 2년 만에 50만 명 이상으로 증가하였다. 노동자의 삶에서 입고 먹는 문제는 개선되었으나, 주거 문제는 여전히 매우 열악하다. 타이위안시의 경우 업체별로 기존 기숙사와 새로 지은 기숙사로 각각 노동자 주거 수요의 20%~30% 정도만 해결하고, 나머지 절대 다수의 노동자들은 개인 주택을 임대하여 숙박한다. 개인 주택의 질은 매우 나쁜 데에다가 수량도 매우 부족하다. 화이난 대소북문 밖 성관 일대의 중공업 노동자 거주구역은 대부분 누더기가 된 오두막집이다. '밖에 비가 많이 내리면 방 안에는 가랑비가 내리고, 밖에 비가 그쳐도 방 안에는 여전히 비가 내린다'고 할 정도이다. 붕괴 사고 또한 빈번하게 발생한다. 어떤 민가는 그나마 버텨내기도 하지만, 간혹 무너질 위험도 있었다. 예컨대 26년이나 근속한 어느 공장의 나이 든 집계공 겸 밀링공 장윤요가 사는 집은 나무 몇 개로 간신히 버티고 있는 상태다. 장마철에 비가 내리면 많은 노동자들이 안심하고 생산에 매진할 수 없을 정도로 집에 빗물이 새어서 이불을 적실 것을 걱정하거나 집이 무너져서 아내와 자식들이 안위를 걱정하기도 한다. 하지만 더 큰 문제는 이렇게 나쁜 집조차 턱없이 부족하다는 점이다."

신중국 성립 이후 인구 증가율이 높아진 것은 주택 문제가 두드러진 또 다른 요인이었다. 전란이 빈번하고, 사회 불안이 심각하며, 경제가 피폐하고, 전염병이 횡행하던 옛 중국에서는 인구 통계에서 높은 출산율과 사망률, 낮은 인구 증가율이라는 특징이 나타났다. 1949년에 전국 출산율은 36%, 사망률은 20%, 인구 증가율은 16%였으며, 전국 총인구는 5억 4,200만 명이었다. 신중국 성립 이후 사회가 안정되고 경제가 발전하면서 사람들의 생활 수준이 향상되고 의료 및 위생 환경도 끊임없이 개선되고 있다. 인구 통계에서 출산율은 높아지고 사망률이 대폭 감소하기 시작했다. 1957년에는 사망률이 10.8%로 감소하였고, 인구 증가율은 23.2%로 높아져서, 총인구가 6억 4,700만 명에 이르렀다. 1949년부터 1957년까지 인구가 1억 500만 명이나 증가하였다. 1962년부터 1970년까지 출산율은 최고 43.6%까지 증가한 반면, 사망률은 10% 이하였다가 1970년에는 7.6%로 떨어졌다. 이 단계의 연평균 인구 증가율은 27.5%이며 1970년 말까지 총인구는 8억 5,200만 명으로, 8년 동안 1억 5,700만 명이나 증가하였다. 1971년부터 1980년까지 전국 총인구는 8억 5,200만 명에서 9억 8,700만 명으로 증가하였다. 1981년부터 1990년까지 10년 동안에는 인구가 1억 4,300만 명 증가하였는데, 1990년에 총인구는 11억 4,300만 명으로 1949년에 비하여 두 배 이상 증가하였다. 이 41년 동안 중국 인구는 6억 100만 명이나 증가하였다.

1949년부터 1970년 말까지 전국의 도시에서 주택 면적은 약 40억m²였다. 이 가운데 신규 주택 건축 면적은 약 4억 9,300만m²로 1949년 이전에 비하여 10% 이상 증가하였으나, 인구 급증과 급속한 도시화로 주택 공급이 주택 수요에 비하여 크게 뒤처져 있었다.

계획경제 시대의 주택 건설 투자 체제와 주택 제도는 주택 문제를 더욱 악화시켰다. 신중국 성립 이후 1970년대까지 국가 주요 자원이 중공업과 국방 건설에 투입되면서 직접적인 생활 소비재 생산을 크게 중시할 여력이 없었고, 인프라 투자에서 민가 건설에 투입된 비율도

안후이성(安徽省) 화이난(淮南) 다이퉁구(大通区) 쥐인촌(居仁村)은 신중국 초기에 건설된 대규모 '노동자 신촌'으로서, 이곳의 주택은 모두 1950년대 초에 지은 간이 단층집이다. (인민포토)

낮았다. 예를 들어 1970년의 경우에 주택 투자는 전체 인프라 투자액의 2.6%에 불과하였다. 주택 건설 투자의 주체는 정부나 노동자가 일하는 기업 혹은 사업장에 한정되었고, 이렇게 기업 혹은 사업장에서 투자한 주택은 그곳에서 일하는 노동자에게만 공급되었다. 주택 제도에 있어서 매우 낮은 임대료의 복지 지원제를 채택하고 있었으며, 도시 거주민들의 상당수는 정부 주택관리부서의 임대주택이나 일하고 있는 기업 혹은 사업장의 임대주택에 의존하고 있었다. 당시 중국에는 분양시장에 상응하는 대부 자금 시장이 없었고, 근로자들은 저임금 수입만으로 부동산을 살 수 없었다. 계획경제 체제 아래 좁고 단일화된 투자처와 복지화된 주택정책 때문에 개혁개방 이전 수십 년 동안 많은 주민들의 주택개선 욕구가 충족되지 못한 것이다.

1979년 5월 21일자 일본 《요미우리신문》에서 시미즈 기자가 중국의 주택 상황을 보도한 바 있다. 이 보도는 중국의 '4개 현대화' 초기 단계의 주택 문제를 보여주었다. 시미즈 기자의 눈에 비친 그당시 중국은 1979년에 국가 건설을 서두르는 동시에 생활 수준을 향상시킬 수 있는 주택 건설에도 힘을 기울였다. 베이징과 상하이 등의 대도시에서는 잇달아 교외에 대형 주택단지를 건설하고 있었으나, 인구 규모가 너무 커서 여전히 주택 공급이 수요를 따라가지 못하고 있었다. 시미즈 기자는 "중국은 원칙적으로 개인 소유 주택을 인정하고 있다.

광저우(廣州) 강딩(崗頂), 건물의 높은 곳에서 서남쪽을 바라보면 시파춘(石牌村)이 한눈에 들어오고 마을에는 자취방이 즐비하며 더 먼 곳에 있는 화성(花城) 광장은 우후죽순처럼 땅 위에 우뚝 솟아 있다. (비주얼 차이나)

그러나 개인 부동산을 가지고 있는 사람은 극히 적고, 집이 없는 도시 노동자들은 자신이 일하고 있는 공장 혹은 기업에 신청하여 주택 분배를 기다리고 있다.”라고 보도하였다. 시미즈 기자의 '선의의 비평과 적절한 조언'을 함유한 보도는 신화출판사에서 출간한《중국견문(中國見聞)》이라는 책에 수록되었다. 그러나 오랜 시간에 걸쳐 축적된 사회경제적 문제를 단시일 안에 해결하는 것은 쉽지 않았다. 동시에 문제 해결 방법을 탐색하는 과정도 필요하였다. 중국이 개혁개방을 실행한 이후 이와 같은 탐색 과정은 10여 년 동안 지속되었다. 시미즈 기자의 보도 이후 10여 년 동안 중국의 도시에서는 1인당 주택 면적이 4㎡에 불과하여, 거의 절반에 가까운 도시 인구의 주택이 부족하였다. 인구는 많고 주택 면적은 넓지 않아, 3대 심지어 4대까지 한 방에서 같이 사는 경우도 드물지 않았다.

그 시절에 중국 도시의 주택가에 들어서면, 주로 두 가지 종류의 주택 배치가 눈에 띄었을 것이다. 즉 따자위엔(大雜院)과 퉁쯔루(筒子樓, 중간 복도식 건물)이었다.

중국 북방 민가를 대표하는 전형적인 주택 형태로 '사합원(四合院)'이 있다. 주택이 부족하였기 때문에 대체로 하나의 사합원 안에 여러 가구가 살고 있었다. 사합원 주민들은 주거공간을 최대한 넓히기 위해서, 자신들의 집과 가까운 마당에 간이 부속 방을 지었다. 이로 인하여 마당이 온통 난잡해 보여서, '대잡원'이라고 불렀다. 대개 대잡원의 구석 한쪽에는 간이 화장실이 설치되어 있었는데, 위생 상태가 아주 나빠서 모든 주민이 함께 이용하기에 매우 불편하였다.

그 시절에 중국 도시의 건물 가운데 가장 대표적인 주택 양식이 '퉁쯔루'였다. 중간 복도식 건물인 퉁쯔루는 높지 않아서 대개 3~4층이었고, 조금 높은 건물이 5~6층 정도였다. 층마다 가운데에 긴 복도 하나가 있었고, 양쪽으로 많은 단칸방들이 맞닿아 있었다. 퉁쯔루는 긴 복도의 양쪽 끝이 환기통처럼 생겼다고 하여서 붙여진 이름이다. 퉁쯔루는 면적이 협소하여 대부분의 경우에 집마다 방이 하나만 있었는데, 방은 겨우 10여 ㎡의 면적에 지나지 않았다. 퉁쯔루는 대개 층마다 복도의 끝부분에 세면실과 공중화장실이 있었다. 매일 각 층 주민들의 취수, 세면, 채소 씻기, 쌀 씻기, 빨래, 용변 등 생활용수와 청결함을 필요로 하는 일상이 이곳에서 이루어졌다.

  퉁쯔루에서의 생활은 대체로 아침에 줄을 서서 세수하고 화장실에 가는 것으로 시작되었다. 각 층마다 수십 명의 사람들이 화장실을 함께 사용하였으므로, 오랜 시간 줄을 서야 하는 난처한 상황을 능히 짐

1980년대부터 2000년대 초까지 베이징 첸먼(前門)지구 민중의 후퉁(胡同) 생활 모습. (비주얼 차이나)

2002년, 허난성(河南省) 뤄양시(洛阳市) 퉁쯔러우에 살던 주민들이 복도에서 밥을 짓고 있다. (비주얼 차이나)

퉁쯔러우의 각 층마다 있었던 공용 수돗가는 주민들이 빨래, 쌀 씻기, 채소 씻기 등을 하는 장소였다. 때로는 수돗가에서 일을 하는 어른들 곁에서 어린이들이 놀기도 하였다. (비주얼 차이나)

작할 수 있다. 퉁쯔루의 복도는 늘 붐볐고 집마다 문 옆에 간이 연탄 난로를 내어놓았는데, 식사를 준비할 시간만 되면 복도에 기름방울이 튀고 연기가 자욱하였다. 낡은 건물들이 워낙 어두웠던 데에다가 오랜 세월에 걸쳐 연기에 그을려서, 복도에 불을 켜지 않으면 낮에도 밤처럼 캄캄하였다. 퉁쯔루의 생활 모습은 그 시절을 살았던 많은 사람들이 공유하는 기억이다.

1980년대 초까지만 하더라도 중국 도시의 주민들은 주로 직장에 의한 공유주택 배분에 의지하였다. 이러한 방식으로는 종종 몇 년 심지어 십여 년이 지나도록 집을 얻을 기회를 얻기 어려웠다.

중국은 1970년대 말에 개혁개방의 막을 열면서 주택 제도 개혁의 첫발을 내딛었다. 주택 건설이 국가 계획으로 통제되는 복지 배분 제도로부터 주택 상품화 제도로 이행되는 등 전국의 여러 도시에서 주택 제도 개혁을 모색하기 시작하였다. 1980년에는 최초의 부동산 회사인 선전 부동산 회사가 설립되었다. 1985년에는 중국의 여러 은행에서 주택담보대출 업무를 시작하였다. 1987년에는 선전에서 공개경매 식으로 신중국 성립 이후 첫 번째 국유 토지 사용권 거래가 이루어졌다.

중앙정부에서 1980년대 중반에 주택 제도 개혁 지도 소조를 구성하고 새로운 주택정책을 시행함에 따라, 도시 주민들의 주택 공급원이 직장에서 배분받는 복지식 분양으로부터 직장 혹은 시장에서 집을 구입하거나 임대하는 식으로 전환되었다. 새로운 정책의 자극으로 인하여 많은 도시 주민들의 주택 환경이 개선되었다. 1980년대 상하이시의 주택 준공 총면적은 4,000여만 ㎡로, 1인당 거주 면적이 6㎡를 초과하였다. 신흥 도시 선전에는 새로 지은 아파트 단지들이 생겨났고 집마다 화장실, 거실을 배치함으로써 상대적으로 시설이 완비된 독립적 체계를 갖추고 있다. 주민들은 자신의 집이 위치한 동선을 출입하는 것 이외에 다른 사람과 공간을 함께 사용할 필요가 없어서, 거주 환경이 크게 향상되었다. 퉁쯔루는 사람들의 생활에서 점점 멀어지고 있었다. 그러나 중국의 아파트 단지 건설이 시작된 지 얼마 지나지 않았던 1980년대에는 매점, 식품점, 이발소 등 가장 기초적인 생활 편의시설 이외에 다른 생활 편의시설이 주민들의 욕구를 충족시키기에 턱없이 부족하였다. 단지 안에는 녹지가 없었고 꽃이나 나무도 극히 드물었다.

1990년대 말에 '복지 분양' 시대가 끝나면서, 중국 도시의 주택은 완전 상품화의 길을 걸었다. 1990년대에 건설된 주택은 거실, 주방, 욕실, 베란다의 면적을 넓히고 침실 이외의 주거 공간을 크게 넓혔다. 1998년에는 전국 도시의 1인당 주택 면적이 18㎡에 이르게 되었고 유치원, 이발소, 식당, 상점, 정비소 등 각종 생활 편의시설이 완비되었다. 베이징, 상하이, 광저우, 선전 등의 대도시에는 고급 화원식 아파트 단지가 많이 건설되었고 그린벨트 면적도 50%에 이른다.

21세기에 접어들면서 중국의 개혁개방은 한층 더욱 발전하였다. 주민들의 주택 선택은 더욱 다변화되었고 복층식 건물, 연립주택, 단독주택, 호텔식 아파트 등 다양한 종류의 주택이 우후죽순처럼 생겨났다. 주택난이 극심하였던 상하이는 2000년에 도시 주민 1인당 주택 건축 면적이 11.8㎡였고, 2017년 말까지 36.7㎡로 증가하였다. 주민 주택 플랜트율은 97.3%로 개혁개방 초기였던 1979년에 비하여 8.5배나 늘었다.

민중의 생활 수준이 높아짐에 따라 주택에 관한 욕구가 높아졌다. 쾌적함을 추구하는 동시에 주택의 생활 공간, 기능, 건축 구조 등에 관한 요구 역시 한층 높아졌다. 전반적 주거 환경과 각종 생활 편의시설에도 관심을 기울이기 시작하였다. 넓고 쾌적한 주택과 아늑한 환경을 가진 단지가 전국 범위에서 끊임없이 나타났다. 주민들은 단층집에서 아파트로, 작은 집에서 큰 집으로 이사하는 것을 경험하였다. 그리고 각종 생활 가전제품을 구비하며, 자신들의 집을 꾸미는 데 돈을 아끼지 않았다. 경제가 비교적 발달한 지방에서는 주민들의 주거 환경이 놀라울 만큼 개선되었다. 광둥성(廣東省) 순더시(順德市)가 이와 같은 사례다. 순더시는 2000년대에 접어들어 매우 신속하게 발전

1989년, 베이징에서 첫 번째 공동주택 구입자들의 부동산 증명서 수령은 베이징에서 주택 개혁을 전면 시행하였음을 상징한다. (비주얼 차이나)

하며, 도시 주민들의 주택 환경이 크게 개선되었다. 2002년에 순더시 도시 가구의 24%는 두 채 이상의 집을 소유하고 있었다. 2008년 말에 순더시의 주민 1인당 주택 건축 면적은 45.78㎡로 고소득 국가 수준에 도달하였다.

순더시에서 일어난 변화는 중국의 다른 많은 도시에서도 찾아볼 수 있다. 도시 주민들의 주택 면적이 보편적으로 대폭 향상되는 동시에 상수도, 급수, 가스 등의 시설이 날이 갈수록 보편화되고 있다. 특히 생활 속 에너지 소비는 예전의 석탄으로부터 점차 석유, 천연가스, 나아가 태양열 에너지와 풍력 에너지로 전환되고 있다. 중국 도시 주민들의 에너지 소비 구조가 점차 진화하면서 석유, 천연가스, 태양광 등 청정 고효율 에너지가 중국 민중의 생활 속 에너지 소비에서 점점 더 중요한 위치를 차지하고 있다.

　신중국 건국 70년이 지난 이래로 중국 도시의 주택은 절대적 부족에서 벗어났다. 2018년 전국 부동산 개발 투자액 12조 300억 위안 가운데 주택 투자는 8조 5,200억 위안을 차지하다. 중국 도시 주민들의

안후이성(安徽省) 화이난(淮南)의 판자촌은 2년여의 개조를 거쳐, 아름답고 참신한 현대화 단지로 변모하였다. (인민포토).

요구는 '현대화 주택단지'로부터 '현대화 생태단지'를 추구하는 것으로 한 단계 진화하였다. 생태단지는 이전까지의 단지와 다르게 자연과 생활단지의 조화를 강조하며, 생활단지에서 자연과 친밀감을 느끼게 한다. 생태단지는 녹지 지표와 지상 수분 유지 지표 등의 많은 평가지표를 포함하고 있다. 녹지 면적 50% 이상, 1인당 공공녹지 28㎡ 이상, 침수 성능을 가진 바닥 노출지 80% 이상이어야 한다. 그 밖에도 에너지 절약 지표, 이산화탄소 및 폐기물 감량 지표 등이 있다. 생태단지는 과학기술 수단을 통하여 인공 환경과 자연 환경의 우호적 조화를 실현하였다.

장쑤성 쑤저우 우중구의 대운하변에 자리 잡은 신규 아파트 단지. (비주얼 차이나)

사진 – 도시 원경. 왕만리

제3장

70년간의 겨울과 여름

중국을 알면 세계가 보인다

주거문화

"4년 넘게 이 단지에 사는 동안 우리에게 난방을 제공한 동청열력회사(东城热力公司)는 줄곧 잘해 왔고, 자주 동네에 직원을 보내 난방 상태를 점검하였으며, 문제를 제때 해결하였다." 허베이성(河北省) 쥔화현(遵化縣)에 사는 루강화원단지의 주민 시(郗) 여사는 기자들을 만나 쥔화시 동청열력회사의 서비스에 만족감을 표시하였다. 쥔화현(遵化縣)은 중국 화베이지구의 평범한 현(縣)이다. 시 여사의 말은 겨울철 난방 공급에 관한 중국 민중의 심정을 대변한다.

난방 방식은 다양한데, 그 중에서도 에어컨으로 난방을 공급하는 것이 보편적인 선택이다. 물론 중국에서 에어컨은 여름철에 더위를 식히는 용도로 더 많이 사용된다. 겨울에 따뜻하게 지내고 여름에 시원하게 지내는 것은 중국 민중이 수백 년 동안 갈망하던 것이다. 이러한 갈망이 현실이 되고 있다.

중국은 유라시아 대륙 동쪽에 위치하여 있어 기상상 계절풍 기후대에 속하며, 대부분의 지역이 겨울에 춥고 여름에 덥다. 천백 년 동안 이곳에 살던 사람들은 한겨울의 추위와 한여름의 폭염에 대하여 말만 들어도 두려워하였다. 중국에서 가장 추운 지역은 네이멍구 자치구의 후룬베이얼 초원 내에 있다. 이곳의 건허시(根河市) 극랭촌은 겨울철 평균 기온이 영하 30도 이하인데다, 이전에는 영하 58도의 기록을 세웠다. 화베이(华北)지구는 가장 추운 지방은 아니지만, 그곳 사람들도 겨울 추위로 인한 생활고를 생생하게 기억하고 있다. 옛 베이징에는 "삼홍은 두렵지 않지만 일흑은 두렵다"라는 민요가 있었다. '삼홍(三紅)'은 늦가을에 색이 붉어지는 능금·베고니아·산사자 등 세 가지 식물을 가리킨다. '일흑(一黑)'은 까만 대추를 가리킨다. '삼홍' 열매는 서리가 내리기 전에 익는데, 이때에는 솜옷을 입지 않고도 지낼 수 있다. 까만 대추는 서리가 내린 후에 익는데, 대추 색이 까맣게 될수록 날씨도 나날이 추워진다. 이때 가난한 사람들은 힘든 나날을 보냈다. 명청 시대 때부터 신중국 성립 이전까지 매년마다 겨울이면 추위에 떨며 굶주려 숨지는 사람들이 있었다. 명나라 때 황제는 복지 차원에서 관원들에게 숯을 하사하였는데, 최하위 관원들은 매일 겨우 반 킬로그램밖에 분배받지 못하였다. 보통 사람들은 숯을 태울 수 없었다. 형편이 좋은 가정에서는 석탄을 때서 따뜻하게 지내고자 하였으나, 가스 중독을 방지하기 위해서 야간에는 반드시 석탄 난로를 실외로 옮겨야 하였다. 가난한 사람들은 화롯불을 놓고 태울 수 있는 모든 것을 찾아 근근이 살아갔다. 1476년 겨울 베이징의 성 안에서는 하루에 170여 명이 동사하였고, 제사에 참여한 황실의장대와 악관들까지 동사한 기록도 있다. 청나라 시대의 난방 관련 기록을 살펴보면, 황태후를 비롯하여 전체 후궁 백여 명이 겨울에 난방을 위한 숯을 매일 60 킬로그램 밖에 받지 못하여 따뜻하게 지내기가 어려웠다. 이를 통하여 보통 사람들은 겨울에 얼마나 견디기 어려웠을지 짐작할 수 있다.

근대에 이르러서도 중국인의 겨울은 여전히 험난하였다. 1948년 겨울 상하이에 폭설이 내린 후 《신민보(新民報)》는 〈기온이 0도 이하에 이르러 동사자 산더미〉라는 기사에서 "한파(寒流)가 상하이를 덮쳐 야외 온도가 0도 이하이며, 시신이 늘어나고 있다. 오늘 오전에는 푸샨산장(普善山場)에서 30여 구의 시신을 수습하였는데, 이 가운데에는 장애인 시설의 장애인도 한 명 있었다. 또한, 시내 남쪽 통런푸위안탕(同仁輔元堂)에서는 오늘 오전에 남자 시신 2구, 아이 시신 7구를 수습하였다"라고 보도하였다. 창장(長江) 강변 도시인 상하이는 당시 중국의 추운 지방 명단에 들어 있지 않았으며, 이미 중국에서 경제가 가장 발달된 곳이었다. 그럼에도 불구하고 하루 만에 그렇게 많은 사람들이 동사하였던 것이다. 근대적 매체가 발달하지 않았던 광대한 추운 지방에서는 얼마나 수많은 사람들이 추위로 죽어갔는지 어림짐작할 수도 없었다.

그러나 혹한에 비하여 혹서는 더 맹렬하였다. 한 프랑스 선교사는 1743년 베이징 시내와 근교에서 많은 사람들이 며칠 사이에 더위로 죽은 사실을 기록하였다. 그는 7월 14일부터 25일까지 11일간, 무려 11,400명이 더위로 숨졌다고 밝혔다. 이 밖에도 무더위에 대한 기록들을 찾아볼 수 있다. 건륭연간 산둥(山東)의 《청성지(靑城縣志)》에는 다음과 같이 기록되어 있다. "큰 가뭄이 천 리에 퍼졌고 실내 기구들의 온도가 매우 높아졌으며, 뜨거운 바람이 나무들을 뜨겁게 하여 많은 나무들이 말라 죽었다. 6월에는 톈진 남무정부(南武定府)에서 탈주하는 자가 많으며, 더위로 죽은 사람들이 길에 많았다." 산시(山西)의 《푸산현지(浮山縣志)》에는 다음과 같이 기록되어 있다. "5월에 무더운 날씨로 행인들이 많이 죽었다. 베이징에서는 더 심한데, 베이징에서 일하는 푸산 출신 무역업자들 가운데에도 더위로 죽은 사람이 있다." 동치연간 《속톈진현지(续天津縣志)》에는 다음과 같이 기록되어 있다. "5월에 고열(苦热)로 흙이 시커멓고 돛대에서 금속이 녹아내린다. 더위로 사람이 많이 죽었다." 민국 시대의 《가오이현지(高邑县志)》에는 다음과 같이 기록되어 있다. "5월 28일부터 6월 6일까지 훈열(薰热)이 심하고, 벽의 그늘도 매우 뜨겁고 쨍쨍하며, 낮에 납과 주석이 녹아 많은 사람들이 목말라 죽었다." 이와 같이 폭염에 대한 중국인들의 기억도 생생하다.

신중국 성립 이후 중국 정부에서 민중의 난방 문제와 관련된 사회 민생 문제를 특별히 중시하면서 상황이 다소 개선되었다. 그러나 건국 초기에 국가 사정이 좋지 않았던 탓에 한겨울의 난방과 한여름의 폭염은 중국 정부와 서민들에게 적지 않은 골칫거리였다. 그 중 가장 큰 시련은 재력 부족이었다. 1949년 신중국 성립 이후 베이징과 시안

헐벗은 누나가 어린 동생 둘을 데리고 구걸하는 모습. 좀 더 큰 아이가 차가운 바람 속에서 오들오들 떨고 있는 모습이 눈에 띈다. (조지 워니스터 몰리존)

등 겨울철에 특히 추운 일부 북방 도시에서는 국가기관과 일부 사업 기관, 공기업 노동자 숙소를 위한 집중난방이 먼저 이루어졌다. 그리고 겨울철에 국가기관과 일부 사업 기관, 공기업 노동자에게 일정한 보조금을 지급하는 난방보조금 제도가 시행되었다. 이 정책은 민중의 지지를 받았으나 중앙과 지방의 재정 부담을 크게 가중시켰다. 산시성은 중국 시베이지구에 위치한 성으로서, 겨울에 춥고 여름에 더우며 사계절이 뚜렷하다. 산시성 북부는 가장 추운 1월 평균 기온이 −10~−4℃이다. 1955년에 산시성에서는 재정 부족으로 질질 끌다가 12월 말이 되어서야 시안 등 일부 주요 도시의 성 직속 기관과 시 직속 기관에만 난방보조금을 지급하도록 규정하였다. 중국 정부는 1956년부터 집중난방 설비가 갖추어진 기관 숙소 및 직원 숙소에 '정액요금'을 부과하였다. 베이징과 톈진 같은 두 대도시의 경우에 가구 단위로 숙소 면적이 100㎡ 미만이면 매월 1각, 100㎡ 이상이면 매월 1.2각의 요금을 징수하였다. 이 규정은 정부의 재정 부담을 덜어 주기 위한 것이었다.

그렇다면 집중난방이 실시되지 않았던 북방 도시들에서는 겨울에 어떻게 난방을 하였을까? 중국의 광대한 시베이·화베이·둥베이 지구에서 집중난방을 공급받지 못한 민중은 거의 집집마다 석탄 난로를 하나씩 마련하고 있었다. 겨울이 다가오면 집집마다 석탄 덩어리를 한 봉지씩 구입하여 복도나 마당 빈 곳에 쌓아 두고, 석탄 난로 하나로 취사·물 끓이기·난방 등의 기능을 겸하였다. 하지만 석탄 덩어리 때문에 더러워지기 일쑤였고, 내뿜어지는 연기 냄새는 지독하였다. 또한, 난롯불이 다음 날까지 유지되기 어려워서 매일 다시 불을 피워야 하였다. 따라서 매일 석탄 난로를 켜는 것이 생활의 중요한 일부가 되었다. 바쁜 아침에는 도움이 필요하였기 때문에, 부모들은 자녀가 석탄 난로에 불을 피우는 방법을 익히도록 훈련시켰다.

이후 석탄은 연탄으로 대체되었다. 연탄은 난방을 겸하여 밥 짓는 것과 가열 등의 기능을 담당하였다. 연탄은 황토와 석탄 가루를 일정 비율로 섞은 후, 인공적으로 혹은 기계로 눌러 모양을 만들고, 위아래로 관통하는 작은 구멍을 뚫어 놓은 것이다. 외형상 벌집처럼 보이는 구멍이 공기 흐름을 원활하게 하여 연탄을 태우는 데 도움이 된다. 이에 따라 중국에서는 이를 벌집 연탄이라고 하였다. 연탄은 연기가 많지 않고, 석탄보다 연소 속도가 훨씬 느린 편이다. 겨울밤 잠들기 전에 연탄을 갈고 난로를 봉하여 놓으면, 거의 다음 날 아침까지 버틸 수 있었다. 연탄난로는 매일 다시 불을 피우는 번거로움을 덜 수 있어 편리하였다. 개혁개방 이전에 중국 북방 일반 도시에서 겨울이 되면 집집마다 배추와 더불어 복도를 가득 채우거나 정원의 절반 정도를 차지하는 것은 바로 연탄이었다.

중국 남방은 겨울 기온이 북방보다 비교적 높다. 따라서 남방, 특히 창장 이남 지역에는 집중난방 설비가 설치되어 있지 않았다. 상하이, 허페이(合肥) 등 일부 남방 도시는 방직공업 발달로 증기를 많이 소비해야 하였다. 현지 열병 발전소는 공업 증기 여분 주민 난방으로 전환

하였다. 그러나 증기 난방을 제공받을 수 있는 주민 비율은 매우 낮았다. 남방은 겨울 기온이 비교적 낮지 않지만, 기후가 습하여 체감온도는 상당히 낮다.

신중국 건국 초기, 북방 도시보다 난방 조건이 더 초라하였던 농촌에서는 겨울에 추위를 견디는 것이 매우 힘든 일이었다. 개인 가구와 공공시설을 막론하고 농촌에서 겨울철 난방은 쉽지 않았다. 농민들은 집안에서든지 집 밖에서든지, 일할 때 머리부터 발끝까지 솜저고리와 솜바지를 두툼하게 껴입어야 하였다. 그래서 행동이 매우 불편하였다. 농민들은 추위를 견디기 위하여 다양한 방법을 사용하였다. 오늘날 농촌에서는 집집마다 유리창문을 설치하였는데, 유리창문은 채광이 용이하고 실온도 증가시킬 수 있다. 그러나 개혁개방 이전에는 농촌에서 유리로 된 문과 창문을 보기 어려웠다. 보통 농촌에서는 해마다 겨울이 오기 전에 헌 신문지나 비닐천을 창문에 붙여 바람을 막으려 하였다. 신문지와 비닐천은 바람을 다소 막을 수는 있었지만, 투명도가 매우 낮아서 실내에 불을 켜두지 않으면 매우 어두웠다. 겨울이면 바람이 불 때마다 창문에서 소리가 났고, 찬바람이 창문 틈으로 들어왔다. 농촌에서는 집안에 물방울이 떨어져 얼음이 되는 것이 흔한 일이었다. 전통적으로 농촌에서 가구마다 반드시 갖추어야 하는 경제적인 난방 도구가 바로 화로였다. 날씨가 추울 때면 농촌 사람들은 화

1960년대, 베이징의 연탄 공장. 벌집 연탄도 있고, 공 모양의 연탄도 있다. (비주얼 차이나)

1990년대, 연탄을 때며 난방을 하던 시절에 삼륜차 노동자들이 연탄을 싣고 천안문 광장을 통과하고 있다. (비주얼 차이나)

로에 숯과 작은 석탄 덩어리를 넣고, 온 가족이 화롯불을 쬐며 대화를 나누었다. 불을 쬐면서 고구마나 감자를 넣고 구웠는데, 집안 가득 맛있는 냄새가 코를 찔렀다. 이는 많은 농촌 아이들에게 겨울날 따뜻한 기억으로 남아 있다.

중국 북방에서 흔히 볼 수 있었던 다른 난방 시설은 온돌이다. 온돌은 방 안 양지바른 쪽에 위치한 1미터 가량의 높은 받침대였다. 모습은 일본 다다미와 비슷하며, 난방 용도에 있어서는 한국의 온돌과 같다. 농촌 가옥은 보통 남향으로 늘어선 1열 3칸 또는 4칸으로 구성되

1995년 허난 이양. 한 농민이 자신의 집 마당에서 연탄을 가공하고 있다. (비주얼 차이나)

어 있었다. 이 중에서 2개 방에 온돌이 딸려 있다. 문을 열면 바로 보이는 곳이 본채인데, 들어가는 2개 문 뒤로 각각 약 3~4척 정도의 아궁이가 있었다. 아궁이에는 큰 가마솥이 있었고, 가마솥 밑에 아궁이와 연결된 굴뚝이 방의 벽을 뚫고 양쪽 방 온돌을 지나서 실외 굴뚝으로 통하였다. 밥을 지을 때 아궁이에 남은 열이 온돌을 가열해서 방안을 따뜻하게 하였다. 추운 날씨를 너무 견디기 어려울 때에는 사람들이 일찍 자리에 누웠다. 이불 속에 있으면 몸이 따뜻해졌다. 그때 농민들은 추위를 이겨내려고 많은 애를 썼지만, 겨울이 찾아올 때마다

1988년 10월 28일, 베이징 화샨르잡화점. 시민들이 굴뚝을 사려고 줄을 섰다. (비주얼 차이나)

여전히 견디기 힘들었다.

1978년 개혁개방 이후 중국 경제는 급속도로 발전하였고, 민중의 생활 수준은 나날이 향상되었다. 중국 일반 가정에서 겨울철 난방은 더 이상 어려운 일이 아니었다. 1980년대에는 집중난방이 중국 대도시로부터 중소도시까지 보급되면서, 도시 난방 범위가 급속히 확대되었다. 특히 1990년대에 들어서 도시 건설이 빠르게 진행됨에 따라 도시 집중난방 면적은 연간 6,000만 ㎡로 증가하였고, 북방에 새로 건설된 도시 주택단지에는 집중난방 시설이 거의 모두 설치되어 있었다. 집중난방이 제공되지 않았던 오래된 단지, 특히 노인과 아이가 있는 가정들에서는 석탄난로를 개량하여 큰 연탄난로를 설치하였다. 그리고 방마다 온수 배관을 설치해서, 집 안 온도를 최대한 일정하게 유지하였다.

이는 도시 집중난방과 비슷한데, 규모가 작아서 '토착난방'으로 불렸다. 이를 통하여 밥도 짓고 난방도 할 수 있었다. 하지만 단점이 있었다. 온도가 불안정하였으며, 석탄재와 연기 먼지 때문에 거실을 청결하게 유지하기 어려웠다. 현재 중국 난방업은 왕성하게 발전하여 대도시와 중소도시에 기본적으로 80% 이상의 난방 공급이 이루어지고 있으며, 대다수 북방 도시 가구는 겨울에도 집 안이 봄처럼 따뜻하다. 현대화된 신축 주택은 일반 난방에서 바닥 난방으로 발전하였다.

한 여자아이가 따뜻한 구들 바닥에서 놀고 있다. (비주얼 차이나)

이를 통해서 실내 공간을 절약하고, 효율적으로 난방을 제공하게 되었다. 집중난방이 제공되지 않는 농촌에서도 상황이 달라졌다. 농촌 가구의 생활 수준이 향상됨에 따라 주거 조건도 개선되었다. 농민의 난방 공급 선택 폭이 넓어졌으며, 연탄난로·전기난방기·에어컨을 결합해서 사용할 수 있게 되었다.

무더운 여름철에 사람들은 부채·선풍기·에어컨으로 더위를 식힌다. 신중국 성립 이후 개혁개방 이전까지 선풍기는 대도시 극소수 가정에서만 구입할 수 있는 사치품이었다. 에어컨은 듣지도 보지도

안후이성(安徽省) 추저우시(滁州市) 근교 전력 공급 회사의 당원 봉사 단체는 난차오구(南谯区)에서 난방 단지 내 지열 펌프 장치로 집중난방을 공급하는 설비를 점검하였다. 주민들이 겨울을 따뜻하게 보낼 수 있도록 보장하는 것이다. (중신사)

못한 사람이 대부분이었다. 이 시기에 중국인들은 보편적으로 부채를 손으로 흔들며 더위를 쫓았다. 중국에서 부채는 수천 년의 역사를 가지고 있다. 대나무·나무·종이·짐승 깃털 등 다양한 재료로 만든 부채는 더위를 쫓는 기능과 더불어 문인과 선비들의 시화(詩畵)가 곁들여져 중국 전통문화의 한 부분이 되었다. 실용적 가치에 관하여 말하자면, 파초 잎으로 만든 부채는 가볍고 저렴하여 중국에서 가장 보

산둥성 칭다오(青岛) 지모구(即墨区) 란춘진(蓝村镇) 왕옌베이촌(王演北村) 급열소 직원들이 공기원열 펌프의 가열 공급 시설 가동 상황을 점검하고 있다. (중신사)

편적으로 사용하는 부채였다. 민중은 도시와 농촌을 막론하고 대체로 간단한 방법으로 더위를 식혔다. 형편이 나았던 도시 사람들은 겨울 동안 강에 저장하여 두었던 얼음을 직접 채취하거나 구입하였다. 과거 베이징에는 베이하이(北海)나 후청허(护城河) 등 물과 가까운 곳들이 있었는데, 겨울이 되면 사람들이 얼음을 채취해서 저장하여 두었다가 여름에 대비하였다. 날씨가 더울 때에는 집에 있는 큰 대야에 얼

날씨가 쌀쌀해지면 많은 주민이 한파와 미세먼지를 피하고 폐를 보양하러 남쪽으로 간다. 하이난성(海南省) 싼야시(三亚市)는 이미 중국 최고의 겨울철 인기 여행지로 자리 잡았다. (비주얼 차이나)

음 몇 개를 놓아두면, 짧게라도 상쾌함을 즐길 수 있었다. 형편이 여의치 않은 가정들에서는 우물이나 강물을 뿌려서 바닥 온도를 낮추고, 나무 그늘이나 집 뒤편 그늘에 앉아 부채질하며 이웃끼리 이야기를 나누었다. 해가 지면 서늘한 바람을 쐬러 나가든지 우물이나 연못가에서 찬물을 몸에 뿌리며 잠시나마 시원함을 느꼈다.

개혁개방 정책 실시 이후 중국 가전제품 산업은 빠르게 발전하기 시작하였고, 제품 성능은 갈수록 우수해졌으며, 가격은 갈수록 저렴

하이난성 싼야시, 겨울철의 톈야하이자오(天涯海角) 관광지. (비주얼 차이나)

해졌다. 1980년대 초부터 선풍기가 민중 속으로 속속 들어서기 시작하였다. 도시 주택은 상대적으로 면적이 좁아서 주민들은 움직이기 편한 이동식 선풍기를 많이 사용하였다. 농촌에서는 방이 높고 넓어서 지붕 대들보에 고정된 선풍기를 많이 사용하였다. 선풍기 보급은 도시와 농촌 주민들로 하여금 여름철 더위를 물리칠 수 있는 조건을 매우 크게 개선시켰다.

예전 북방에는 겨울에 자연으로부터 얼음 덩어리를 채취하여 저장하는 직업이 있었는데, 이 얼음은 여름에 사용되었다. 채취한 얼음을 운반하고 있는 모습이다. (비주얼 차이나)

선풍기는 자연풍을 강하게 할 뿐, 기온이 특히 높거나 습하고 무더운 날에는 더위를 식혀 주지 못한다. 1990년대 말부터 고급 사치품으로 여겨지던 에어컨이 일반 가정에 대량 보급되기 시작하였다. 현재 중국의 많은 가정에서 에어컨은 이미 여름 더위를 식히는 가장 보편적인 선택이 되었다. 중국 도시 에어컨 보유량은 1991년에 100가구당 0.71대에 불과하였으나, 2008년에 100.28대로 증가하였다. 중국 농촌 에어컨 보유량은 2008년에 100가구당 9.82대에 지나지 않았지만, 2016년에 48대로 증가하였다. 현재 에어컨은 중국 도시 및 농촌 가정에 널리 보급된 가전제품으로 자리 잡았다.

가정뿐만 아니라 기차역 · 공항 · 쇼핑몰 · 영화관 · 사무실 · 교실 · 회의실 등 거의 모든 공공장소에서 보편적으로 에어컨을 사용하고 있다. 이로써 무더운 여름철에 사적 공간과 공공장소를 막론하고, 언제나 어디에서나 누구든지 쾌적한 기분을 즐길 수 있게 되었다.

중국 개혁개방 40년은 민중의 난방 및 냉방 방식이 변혁된 40년이기도 하다. 이제 중국인의 삶은 '먹고 사는 것'에서 '편안한 것'을 추구하는 방향으로 바뀌었고, 사람들은 더 효율적이고 편안하며 친환경적인 주거 방식을 추구하기 시작하였다. 태양 에너지 · 원자력 에너지 등 새로운 에너지 개발에 막대한 투자를 하고 있는 중국인들이 오래

1992년 5월, 광둥성(广东省) 순더구(顺德区) 룽치진(容奇镇)의 선풍기 공장. 이후 이 공장 제품은 세계적으로 판매되는 유명 브랜드 룽성(容声)이 되었다. (비주얼 차이나)

된 것에서 현대로, 과학 기술을 통해서 자연으로 돌아가는 것은 미래 발전 추세이다.

안후이성(安徽省) 화이난(淮南) 전력회사 운수대원들이 '여름 나기'에 대비하고 있다. (비주얼 차이나)

2013년 8월 18일, 텐진 빈하이신구(濱海新区)의 이동식 판옥에서 건설 노동자들이 에어컨으로 더위를 식히고 있다. (비주얼 차이나).

2018년 6월 30일, 칭다오 지하철 11호선 대합실의 에어컨. (비주얼 차이나)

空调候车室
Air Conditioned Waiting Room

2019년 6월 25일, 상하이 거리의 외장 에어컨 설치. (비주얼 차이나)

2015년 7월 30일, 장쑤성(江蘇省) 난징(南京)에서 폭염이 계속되자
각종 서점들이 시민들의 시원한 휴식처가 되었다. (비주얼 차이나)

제4장

황폐한 촌락에서
아름다운 마을로

중국을 알면 세계가 보인다

주거문화

전국인민대회 대표인 왕하이옌(王海燕)의 고향은 중국 시난지구(西南地区)에 위치한 충칭(重庆) 산하에 있는 평범한 마을인 포전촌(佛鎭村)이다. 2016년 3월 전국인민대표대회 개최 기간에 왕하이옌은 동행자 대표와 언론 매체에 다음과 같이 말하였다. "지금 일부 마을 사람들은 춘지에(春节)에 귀향할 때, 길을 찾지 못하는 경우가 종종 있어요. 잡초가 무성해서가 아니라 마을이 많이 변했기 때문이에요." 이어서 이렇게 덧붙였다. "우리 마을은 1,000가구가 채 안 되고 사방으로 겨우 몇 킬로미터만 떨어져 있는데, 마을에 시멘트로 포장한 길이 어느 정도 길이나 되는지 알아맞혀 봐요? 14.7km, 6~7년 전까지만 하더라도 마을에 온통 진흙 길뿐이었어요. 그런데 지금은 마을 사람들이 모두 승용차를 샀고, 명절에 집에 돌아오면 바로 집 앞에 차를 세울 수 있게 됐어요. 외지에서 일하는 마을 사람들이 돌아와서 설을 보내며 '고향이 너무 달라져 집에 갈 때에는 길도 찾을 수 없겠다'고 느낄 정도예요."

중국 농촌의 이와 같은 천지개벽이 시난지구에서만 일어난 것은 아니다. 모든 중국 농촌, 이를테면 수도 베이징을 중심으로 북쪽·남쪽·서쪽으로 500km에 이르는 화베이지구(华北地区)를 예로 들어보자. 당신이 과거 어느 시기, 특히 중국 개혁개방 실시 이전에 차를 타고 이곳을 방문했다고 가정하여 보자. 개혁개방 실시 이후에 다시 차를 타고 같은 곳을 방문한다면, 중국 농촌 주택이 새롭게 개선된 광경을 보게 될 것이다. 건국 70년 이래 중국 농촌 거주 환경에는 크나큰 변화가 생겼다. 농민이 거주하는 주택은 갈수록 좋아지고 있는데, 건축 자재부터 기능·디자인까지 눈에 띄게 향상되었다. 집집마다 깨끗하고 안전한 수돗물을 마시게 되었고, 마을 도로도 매우 깨끗하게 정비되었다. 이렇듯 마을 모습이 크게 개선되어, 곳곳마다 생기 넘치고 아름다운 전원 풍경을 드러내고 있다.

중국은 국토가 광활한 만큼, 지방에 따라 농촌 민가의 건축 자재·구조 등의 방면에서 현저한 차이를 보인다. 그러나 대부분의 경우 비슷한 점도 가지고 있으니, 현지에서 재료를 취하고 소박하며 간단한 방식을 추구하였다는 것이다. 신중국 성립 이전에 북방에서 벽돌담과 기와지붕은 부유한 집의 상징이었다. 절대다수의 농민은 간단한 초가집에서 살았다. 초가집은 돌을 기초로 해서 건물 귀퉁이와 문간 가장자리에 청벽돌을 쌓고, 벽체 주요 부분을 흙으로 다졌으며, 지붕에는 목재로 보를 만든 후, 들보 사이에 중도리를 달아서 밀짚이나 띠를 덮었다. 집 앞에는 대부분 흙으로 벽을 다져 놓았고, 작은 마당이 있었다. 형편이 더 나은 집에는 간이 사랑채가 비치되어 있었다. 이러한 흙벽돌 초가집에는 물이 잘 스며들었다. 집 벽체, 특히 바닥 쪽 벽의 뿌리 부분이 물에 잠기면 떨어져 나가기 쉬웠다. 지붕의 보릿짚은 여름철에 반복되는 비와 햇볕, 가을·겨울에 내린 진눈깨비로 인해 늘 곰팡이가 슬어 다음 해 내릴 비에 대처하는 것이 불가능 했다. 따라서 여름에 밀 수확한 이후부터 장마철이 다가오기 전까지 농민들은 새로운 밀짚으로 한 겹을 다시 덮어야 한다. 중국 남방에서는 목재와 대나무를 많이 이용해서 소박하며 간단한 방식으로 집을 지었다.

농촌 민가는 누추할 뿐만 아니라 비좁기도 하였다. 북방에서 농촌 민가는 보통 남향으로 40~60㎡의 직사각형 공간에 방 세개 혹은 네개가 나란히 있는 구조였다. 중간에 안채(堂屋)가 있었고, 양쪽으로 두 칸 혹은 세 칸의 방이 있어 7~8명, 더 많게는 3대에 이르는 대가족이 거주할 수 있도록 만들어졌다. 이러한 민가는 방의 기능 구분에 있어서도 매우 간단하였다. 안채는 보통 밥을 짓고 식사하는 장소로 쓰였다. 안채에는 네모난 부뚜막이 있었는데, 부뚜막에는 지름 1m 정도의 큰 가마솥이 놓여 있었다. 이 가마솥 안에서 모든 조리가 이루어다. 부뚜막 옆에는 목재 풍상 한 대가 설치되어 있었다. 손으로 풍상 레버를 밀어 풀무 안의 피스톤 같은 장치를 누르면, 공기를 압착해 불을 붙였다. 그래서 조리 작업은 보통 2명이 협조하여 이루어졌다. 한 명은 요리를 맡고, 다른 한 명은 풀무질을 하면서 가끔 아궁이에 땔감을 넣었다. 오늘날 사람들이 보편적으로 사용하는 전기와 가스 등의 에너지는 그 당시 농민들에게 금시초문이었으며, 석탄도 너무 비

싸 사용하는 가구가 거의 없었다. 농가에서 사용하였던 연료는 보통 농작물 짚이나 아이들이 주워 온 나뭇잎, 장작 등이었다. 그래서 농가 마당에는 항상 커다란 짚더미나 여기저기에서 주워 온 각종 가연물들이 쌓여 있었다. 이처럼 농작물에서 채취한 땔감은 농가에서 밥을 짓거나 난방을 하는 데 충분하지 않았다. 그리하여 어쩔 수 없이 찬 음식을 먹기도 하였으며, 겨울철에는 추위에 시달리기도 하였다. 가마에서 짚이 타며 배출된 짙은 연기는 풍향 등의 영향으로 항상 원활하게

1980년대, 구이저우성 첸시현 시골에 있는 민가 토옥. (비주얼 차이나).

밖으로 배출되지는 못하였다. 장기간 연기가 스며들어서, 안채의 벽
과 지붕은 항상 검게 그을려 있었다.

부뚜막과 맞닿은 침실에는 흙벽돌을 쌓아 지은 온돌이 있었는데,
이는 한랭 기후를 견디기 위해서 만들어진 난방용 침실 시설이다. 남
방 사람은 침대를 좋아하고, 북방 사람은 온돌을 즐겨 쓴다. 중국 북
방의 겨울은 길고 추워서, 농민들은 겨울에 대부분 온돌로 난방을 하
였다. 안채의 가마솥 밑에 연결된 굴뚝은 방 사이의 칸막이를 통과한

동경과 추억이 가득 담긴 낡은 민가. (왕만리)

다. 굴뚝은 온돌을 지나 바깥쪽으로 나가고, 아궁이에서 연료가 타며
발생한 열이 연기와 더불어 온돌을 지날 때, 방을 가열하여 난방 효과
를 만들어 낸다. 이러한 중국 북방의 난방 방식은 종종 외국인들로 하
여금 호기심을 불러일으키게 하였다. 유명한 미국 저널리스트 에드거
스노우(Edgar Snow, 1905~1972)는 1936년 산베이(陝北)에 가서 인터뷰
를 진행한 후 출간한『중국의 붉은 별(Red star over China)』이라는 책에
서 온돌을 자세히 설명하였다. "온돌은 중국 가옥에서 흙벽을 쌓아 만

든 난방 시설로, 한쪽에 아궁이가 있고 그 아래에 미로처럼 구불구불한 굴뚝이 있어, 구들을 따뜻하게 할 수 있다."라고 기술하고 있다. 그는 산베이로 가는 도중에 농가 온돌에서 잔 후, 다음과 같이 소감을 기록하기도 하였다. "나는 그날 밤 뤄촨현(洛川县)의 어수선한 초가집 온돌에서 하룻밤을 보냈다. 옆방에는 돼지와 당나귀가 있고, 내 방에는 쥐가 있어서 잠을 푹 잘 수 없이 소란스러웠다."라고 적었다. 그때 에드거 스노우에게 이나 벼룩이 붙지 않았는지 모르겠다. 당시 농촌은 위생 환경이 좋지 않아서 농민은 자주 목욕을 하지 못하였으며, 갈아입을 옷도 별로 없었다. 특히 북방에서는 겨울에 농민에게 이나 벼룩이 붙기 십상이었다.

에드거 스노우가 농가에서 하룻밤을 보내며 경험한 것은 중국 농민이 수백 년 동안 생활하여 온 일상적인 모습이었다. 그는 용변을 어떻게 해결하였는지 언급하지 않았지만, 충분히 짐작할 수 있다. 농가 화장실은 허름한 집보다 더 초라하였다. 그저 마당에서 흙벽돌로 된 벽의 한쪽 구석에 나뭇가지와 짚 등으로 만든 울타리를 둘러 두었을 뿐이었다. 주위에 무엇을 둘러 두었든지 지붕은 마오차오(茅草)로 되어 있었기 때문에 화장실을 마오팡(茅房)이라고 불렀으며, 화장실에 가는 것을 속되게 마오팡에 간다고 하기도 하였다. 바닥에 구덩이를 파고 주위에 벽돌을 쌓은 것을 변기로 사용하였는데, 속어로 변소를 마오팡이라 하듯이 변기는 '마오컹(茅坑)'이라고도 하였다. 당시 농민은 수돗물을 들어본 적도 없었으니, 오두막을 씻지 않아 마당에서 악취가 풍겨 나왔다. 마당에는 닭·오리·거위 등의 가금류를 풀어 놓았고, 양 한두 마리나 다른 가축이 있기도 하였다. 이 모든 가금류와 가축들이 어디에나 변을 배설하였으니, 마당에서 풍겨 나왔던 악취를 가히 짐작할 수 있을 것이다.

악취보다 더 심각하였던 문제는 사람과 가축의 분뇨가 빗물을 따라 골목에 있는 도랑에 흘러들었다가, 우물에 침투하거나 수로·농지에 침투하는 것이었다. 더러운 물속은 병균이 대량으로 번식하기에 적합한 조건이었고, 모기와 파리가 제멋대로 날뛰는 여름에는 너무나도 쉽게 질병이 전파되었다. 농촌은 전반적 환경이 너저분하고 더러웠으며, 농민 가정은 빈궁하였기 때문에 병에 걸려도 제때 치료를 받지 못하였다. 따라서 감염성 질병으로 인한 사망률이 높았다. 어린이 집단에서 회충증 발병률이 70% 이상에 달하였고, 신생아의 전염병 사망률은 오랫동안 5%를 웃돌았다.

오염물에 직접 접촉하면 더 끔찍한 결과를 초래했다. 예를 들어, 주혈흡충증은 분변 오염물에 직접 접촉하여 생긴 전염성 질환으로서, 창장 이남 수향 농민들에게 떨칠 수 없는 악몽이었다. 미국 선교사 대니얼 해리슨 커프 2세(Daniel Harrison Kulp Ⅱ)는 20세기 초엽에 후장

대학 교수로 재직하며, 중국 대학 최초의 사회 조사를 시작하였다. 그는 1925년에 『화난지구의 농촌 생활: 광둥성 봉황촌의 가족주의 사회학 연구』라는 책을 출간하여 당시 봉황촌−현재 광둥성 차오저우(潮州) 차오안구(潮安区) 구이후진(归湖镇) 시커우촌(溪口村)−의 생활을 전면 고찰하였다. 그는 책에서 분뇨로 오염된 계곡에 대하여 다음과 같이 기술하였다. "농민들은 매일 변기에서 분뇨를 퍼내, 마을을 지나 논밭까지 가서 농작물에 거름으로 뿌린다. 게다가 사람들은 개울에서 물장구를 치며 용변도 본다. 농민들이 물에서 모내기 · 고기잡이 · 수초 채취 · 목욕 등을 할 때, 혹은 맨발로 시골 논두렁 위를 걸어갈 때, 주혈흡충의 유충이 피부를 통하여 인체에 들어가서 쉽사리 감염이 초래된다. 그래서 남자가 자라지 못하고, 여자는 출산을 못한다. 사람들의 뼈가 앙상해지고, 몸이 약해지며, 배에 복수가 찬다. 급기야 간비종과 기능 부전으로 이어져서 사망에 이르게 된다."

농민들이 거주 환경 개선으로 주혈흡충증에서 벗어나는 것은 신중국 성립 이후에나 가능하였다. 1950년대 초, 전국 12개 성에 걸쳐 1,200만 명이 병에 걸렸고 잠정적으로 1억 명 이상의 인구가 위험에 처하였다. 이 가운데 후난성 일대에서는 주혈흡충증 감염률이 최대 80%에 달하였고, 감염률이 가장 낮은 마을에도 20% 이상을 기록하였다. 1955년 겨울, 마오쩌둥(毛泽东) 주석은 "우리는 반드시 주혈흡충증을 없애야 한다"라고 호소하였다. 이후 중앙 정부는 전문적인 주혈흡충증 퇴치 지도 소조를 조직하고, 15년으로 예정되었던 주혈흡충증 퇴치 기한을 7년으로 단축할 것을 요구하였다. 정부의 노력은 매우 신속하게 효과를 거두었다. 주혈흡충증 유행이 심각하였던 장시성(江西省) 위장현(余江縣)에서는 주혈흡충증 섬멸전을 불과 2년 만에 승리로 이끌었다. 1958년 6월 30일자 《인민일보》는 〈첫 붉은 깃발-장시 위장현에서 주혈흡충증을 기본적으로 소멸한 경과 기록〉이라는 통신문을 등재하였다. 마오쩌둥 주석은 통신문을 읽은 후 격동하여 밤새 잠 못 이루고, 흔연히 〈역신(瘟神)을 보내며〉라는 시 두 수를 지어 이를 칭송하였다.

옛 중국 정부는 농민에게 징세와 징병만 부과하였을 뿐, 어떠한 공공 서비스도 제공하지 않았다. 옛 중국 정부는 농촌 건설에 관한 아무런 계획이 없었고, 어떠한 관련 협조도 제공하지 않았다. 농촌의 큰길은 농민들이 집을 짓고 나서 자발적으로 남겨 둔 통로에 불과하였다. 길바닥이 맑은 날에는 온통 흙투성이였으며, 비가 내리는 날에는 온통 진흙투성이였다. 길 한쪽 혹은 양쪽에는 악취가 나는 하수구가 흐르고 있었다. 굶주린 농민들은 농촌 녹화·미화·조명 등에 관하여 듣지도 보지도 못하였으며, 상상조차 할 수 없었다.

신중국 성립 당시 중국 농촌은 이렇듯 망가져 있었다. 그리고 신중국 성립 이후 한동안은 비교적 국력이 강성하지 못했다. 국가 차원에서 주로 공업화에 각종 자원을 집중했기 때문에 농촌 건설에는 비교적 투자가 부족할 수밖에 없었다. 농촌 거주 수요는 도시에 비해서 주로 농민의 자급자족에 의존하였기 때문에 조건이 보다 열악했다. 개혁개방 정책을 시행한 1978년 이전까지는 농민은 제한적인 공간에서 주택난을 겪었다. 엎친 데 덮친 격으로 농촌 인구가 급속히 증가하며 긴장이 가중되었다. 1949년 약 4억 4,700만 명이었던 중국 농촌 인구는 1969년 약 6억 3,800만 명, 1978년 약 7억 9,000만 명, 1995년 8억 9,500만 명으로 36년 만에 2배 이상 증가하였다. 인구가 대폭 증가한 반면, 농촌 택지 공급과 농민 주택 건설 자금은 수요에 크게 미치지 못하였다. 많은 가정에서 아들들이 결혼 이후에도 부모와 같이 생활하였다. 가족 규모가 커짐에 따라 주거 환경이 매우 붐비게 되었고, 독립된 생활 공간이 부족하여 가족 사이에 갈등과 충돌이 끊이지 않았다.

신중국은 그때까지만 하여도 여전히 빈궁하여 농촌 주거 환경을 개선할 경제력이 없었다. 그럼에도 불구하고 농촌 위생 환경을 개선하고자 막대한 정치적 우위를 가진 사회 운동에 나섰다. 현대적 관념은 사람의 건강에 영향을 끼치는 많은 요인들 가운데 생활 방식과 환경

요인이 결정적이라고 본다. 신중국이 성립 직후 '애국위생운동'을 일으켜 좋은 사회적 효과를 거둔 것도 이와 같은 관념과 일치한다.

'애국위생운동'은 한국전쟁 때 미국 정부가 중국과 북한의 국경 지대에서 벌인 세균전에 대한 대응에서 비롯되었다. 1952년 2월 29일, 미군 비행기가 중국 안둥—현재 단둥(丹東), 푸순(抚顺) 등지에 바이러스와 세균이 붙어 있는 벌레들을 살포하였다. 미군의 세균전을 분쇄하기 위하여 그해 3월 14일 중앙방역위원회를 발족하고, 전국 각지에서 파리 · 모기 · 벼룩 · 쥐를 비롯하여 바이러스와 세균이 붙어 있는 다른 벌레들을 퇴치하는 애국위생운동을 전개하였다. 1957년, 중앙정부는 '애국위생운동위원회'를 정식 구성하였다. 국무원 총리 저우언라이(周恩來)가 직접 위원회 주임을 맡고, 각급 지방 애국위생운동위원회도 각급 정부 주요 책임자가 주임을 맡았다. 1952년에 성립된 이 기구는 현재까지도 큰 역할을 담당하고 있다.

애국위생운동은 예방 위주의 방침을 관철하였다. 농촌에서 정부는 농민들을 조직하여 '삼개'(돼지우리 · 우물 · 화장실 개조)와 '사멸'(쥐 · 파리 · 모기 · 빈대 멸살) 작업을 통하여 역병의 근원과 전파 통로를 차단하였다. 동시에 현 · 공사(향진) · 마을의 3급 '위생 방역망'을 구축해서 역병 발생 즉시 보고하도록 하였으며, 정부 관련 부서와 위생 방역 체계 즉 대응 체계를 가동하였다. 그리고 선전대를 조직해서 집집마다

1958년. 후난성 제서우현(界首县) 농촌에서 깨끗한 공중화장실을 곳곳에서 볼 수 있었다. (비주얼 차이나)

위생 방역 지식을 알려 주고, 창문 열어 환기하기 · 옷과 이부자리 일
광 소독하기 · 대청소 등 좋은 습관을 들이도록 하였다. 이와 같은 사
회단체들이 국가 경제력 · 의료 기술력 부족을 효과적으로 보충함으
로써, 낮은 비용으로 높은 건강 효율을 달성하였다.

　1966~1976년 격동의 시기에도 저우언라이 총리가 주재하는 애국
위생운동위원회는 변함없이 일을 계속하였다. 저우언라이 총리는 위
생 방역 요원을 조직해서 농촌 깊숙이 위생 지식 홍보를 실시하도록

각급 지방 애국위생운동위원회에 여러 차례 지시하였다. 해당 시기의 위생 방역 작업은 '2관(管)', '5개(改)'로 개괄된다. 즉 물 · 분변 관리, 우물 · 화장실 · 외양간 · 부뚜막 · 환경 개조를 의미한다. 이와 같은 조치에 힘입어 농촌 환경 위생이 부단히 개선되었고, 역병 유행으로 초래되었던 농민 피해가 나날이 감소해서 농민들로부터 환영을 받았다.

1970년대 말~1980년대 초에 중국은 개혁개방 정책을 실시하였다. 농촌에서 인민공사 체제를 종식시키고, '세대별 생산량 연동 도급 책임제'라는 새로운 정책을 시행하였다. 새로운 정책의 핵심은 농민의 농업 수확량 중에서 일정 부분을 국가에 납입하고, 집체에 남은 부분을 전부 농민에게 귀속시키는 것이다. 새로운 정책은 농민의 생산 의욕을 크게 불러일으켜, 농촌 경제는 불과 몇 년 사이에 급속히 발전하였다. 예를 들어 그때 봄 · 여름 환절기에 산둥성 허쩌(菏澤)의 시골을 찾아 마을 어귀에서 햇볕을 쬐는 노인을 만나게 되면, 먼저 다가와 반갑게 인사할 것이다. "동지, 상급 부서에서 정부의 농촌 정책을 이해하도록 보냈군요. 자, 내가 설명하리다." 그는 곧 푸릇푸릇한 보리밭을 가리키 말할 것이다. "올해 햇밀을 곧 수확할 텐데, 작년에 수확한 밀이 아직 우리 집 곡식 창고에서 한 알도 움직이지 않고 남아 있다오! 지금 먹는 것은 재작년에 수확한 밀이라오." 말하는 동안 그의 얼굴에 드러난 행복은 마음에서 우러나왔을 것이다. 새로운 농촌 정책

시행 이전까지 이곳 농민들에게 돌아가는 밀은 연간 겨우 20 kg 정도
에 불과하였다. 흑빵이 흰 밀가루빵으로 바뀔 수 있다는 예전의 꿈이
겨우 몇 년 사이에 현실이 되리라고는 생각하지 못하였다.

먹고 사는 문제가 해결되자 자연스레 농촌 주택도 개선되었다. 당
시 중국 농촌을 방문하면, 농민들이 곳곳에서 새집을 짓고 있는 모습
을 볼 수 있을 것이다. 중국 농촌에 수천 년 동안 존재했던 흙벽돌 초
가집이 사라지고, 대신 많은 기와집들이 들어섰다. 벽돌 구조 벽체는
견고하고 방수가 잘 되며 습기도 잘 차단해서, 장마철에 벽 모서리가
침수되어 무너질 걱정을 하지 않아도 되었다. 지붕에 단단하고 아름
다운 붉은 기와를 얹어, 더이상 지붕이 눈비에 젖거나 강풍에 날아갈
염려도 없어졌다. 실내 변화는 그렇게 크지 않았다. 그때까지는 아직
인테리어에 관한 의식이나 조건을 갖추지 못하였다. 지붕의 대들보와
도리는 모두 노출되어 있었고 천장도 없었다. 집안 벽은 원시적 벽면
이거나 흰 석회를 벽면에 아주 간단히 바르기만 하는 정도였다.

1990년대에 이르러서는 농촌 청년들에게 있어 세 칸짜리 붉은 기
와집이 결혼의 기본적 기준이 되었다. 요즘 농촌 청년들이 결혼하려
면 도시에 가서 분양 주택 한 채를 마련해야 하는 것과 마찬가지였다.
당시 많은 지방의 농촌에서는 곡식을 말릴 수 있는 돔형 지붕이 유행
하였다. 지붕에 간이 태양열 온수기가 설치되어 있는 경우도 있었다.

더 여유 있었던 농민은 도시 사람들처럼 벽이나 바닥에 타일을 붙였다. 비록 질은 높지 않았으나, 조상 대대로 살았던 흙바닥과 흙벽에 비하면 훨씬 깨끗해졌고 보기에도 좋았다.

21세기에 들어 중국 경제가 신속하게 발전함에 따라 국가는 나날이 농촌 건설을 중시하였고, 농촌은 전례 없는 속도로 발전했다. 2005년 중국공산당 제16기 중앙위원회 5차 전체회의에서 통과된《11차 5개년 계획 요강 건의》는 생산 발전 · 부유한 생활 · 문명한 농촌 · 청결한 농촌 · 민주 관리라는 요구에 따라 신농촌 건설을 추진한다는 내용을 담고 있다. 농촌 민가 건축 자재도 바뀌었다. 철근 콘크리트 건물들이 곳곳에 들어서고 조상들이 꿈도 꾸지 못하였던 작은 빌딩에 많은 농민들이 입주하는 등 주거 환경 개선이 진일보하였다.

농촌 주택 건축 자재가 개선됨에 따라 농민 주거 환경도 상당히 향상되었다. 1978년에 겨우 8.1㎡였던 중국 농촌 1인당 주택 면적은 30년 뒤에 두 배로 늘었다. 2008년 농촌 1인당 주택 면적은 32.4㎡, 2018년에는 45.8㎡에 이르렀다. 부모와 자녀가 따로 살게 되며, 각자 자신만의 공간을 가지게 되었다. 그리고 집 내부에 분명하게 기능 구분이 이루어져 접객 · 식사 · 수면을 위한 공간이 따로 마련되었다. 소형 빌라와 비슷한 농촌 빌딩들은 대부분 전문적 설계를 거쳤다. 지붕

1998년, 산시성(陝西省) 룽현(陇县)의 시골 농민들이 집을 짓고 있다. (비주얼 차이나)

은 평평하거나 비스듬하게, 높은 곳은 뾰족하거나 둥글게 해서, 중국 요소와 서방 요소를 적절하게 배합하여 중국 농촌 주택의 유행을 구현하였다. 이와 동시에 거실 공간 배치와 사용 기능까지 잘 고려함으로써, 채광성·안전성·실용성을 전부 구비하였다.

중국 경제가 고속 발전함에 따라, 농촌에서 변화가 이루어지는 것과 더불어 중국 정부의 농촌 정책도 변화하고 있다. 이와 같은 종류의 변화는 역사라는 진열장에서 전통적이면서도 새로운 시골의 모습을 드러낼 것이다. 세기가 바뀔 무렵, 중국에서는 후대 역사학자들에 의하여 혁명적으로 묘사될 만한 일련의 사건들이 조용히 일어났다. 2005년 12월 29일, 제10차 전국인민대표대회 상무위원회 제19차 회의에서 2006년 1월 1일부터 《농업세 조례》를 폐지한다는 결의가 통과되었다. 농업세 폐지는 중국에서 2,000년 넘게 이어져 온 정부와 농민, 도시와 농촌, 그리고 100여 년 간의 공업과 농업의 관계에 역사적 전환이 발생한 것을 상징한다. 중국 농민이 2,000년이 넘도록 납

옌타이 주오촌. (왕만리)

부했던 국세가 없어졌다. 공업이 농업에 보답하기 시작하였고, 도시
가 농촌에 보답하기 시작하였다.

항공 사진으로 본 안후이성 랑시촌. 교통이 편리해져 '마을마다 통하게(村村通)' 하는 사업에서 '집집마다 통하게(戸戸通)' 하는 사업으로 바뀌었다. (비주얼 차이나)

산둥성 칭다오 라오산(崂山)의 아름다운 촌락. (비주얼 차이나)

   농업세 폐지는 그저 하나의 상징일 뿐, 사실상 변화는 이미 그 전부터 시작되었다. 중국 정부는 지난 세기 말부터 농촌에서 '촌촌통(村村通)'이라는 대규모 보편적 특혜 사업을 시작하였다. 즉 도로·전력·상수도·전화망·유선 텔레비전망·인터넷 등이 통하게 하는 것이다. 사업 규모는 얼마나 될까? 이를 살펴 보면 중국 전역에는 71만 개가 넘는 마을이 동서로 5,500㎞를 초과하고, 남북으로 5,000㎞를 초과하는 광활한 국토에 흩어져 있다. 인류 역사에서 이처럼 사업 비용 총액이 1조 위안을 초과하는 대규모 농촌 개조 사업을 본 적이 있는가!

충칭(重庆) 투시진(涂市镇) 디링촌(地灵村) 사람들의 주거 환경이 크게 개선되어,
두 아이가 잘 정비된 길에서 즐겁게 자전거를 타고 있다. (인민포토)

시짱자치구(西藏自治区) 산난(山南) 취메이현(措美县) 나이시향(乃西乡) 차자촌(恰杂村)
해발 5,000m 높이에서 국가전력망 산난전력공사와 안후이전력지원팀 직원이 10kW급
전기 공급 설비를 검사하고 있다. (비주얼 차이나)

도로 '촌촌통'

도로 '촌촌통'의 투자 총액은 2천억 위안 이상이다. 2018년 말 당시 전국 농촌 도로 총길이는 405만㎞로, 각 마을에 향하는 도로마다 시멘트나 아스팔트를 사용해 노면 경화를 이룩하였다. 이 중에서 2014년부터 2018년까지 5년 동안에만 전국에서 139만 2,000km의 농촌 도로가 새로 건설되었다.

전력 '촌촌통'

전력 '촌촌통'의 투자 총액은 3천억 위안 이상이다. 2015년 12월 23일, 칭하이성(青海省) 궈뤄장족자치주(果洛藏族自治州) 반마현(班玛县) 궈망촌(果芒村)·위수장족자치주(玉树藏族自治州) 취마라이현(曲麻莱县) 창장촌(长江村)에 전기가 통하게 되었다. 전국에서 마지막으로 9,614가구, 3만 9,800명의 농촌 인구까지 전기를 사용할 수 있게 되었다. 전력 '촌촌통' 사업이 시작된 1998년에 중국 전력망은 이미 중국 농촌의 80%에 보급되었다. 전기가 통하지 않았던 곳은 쓰촨성(四川省)·간쑤성(甘肃省)·칭하이성(青海省)·신장웨이우얼자치구(新疆维吾尔自治区)·시짱자치구(西藏自治区)·광시좡족자치구(广西壮族自治区)·윈난성(云南省) 등 일부 지표가 자갈이나 바위로 덮인 산악 지구·깊은 산지·사막·지세가 높고 추운 지방 등 외진 지방의 농촌뿐이었다. 이에 따라 이러한 지방에서 전력 공사를 진행하는 데에는 많은 비용이 소요되었으며, 일반 농촌 전력 공급 비용보다 10배 이상의 비용인

1가구당 1만 3,300위안의 정부 예산이 투입되고 있다. 중국에서 모든 촌민이 전기를 사용할 수 있도록, 각급 정부는 비용을 따지지 않고 분투하였다. 깊은 산지에 위치한 충칭(重庆) 중이향(中益乡)에서는 전력 노동자들이 분전해서 한 달 동안 전봇대 36개를 설치하였다. 이로써 광밍촌(光明村) 위자댐(余家坝)에 사는 2가구를 위한 특별 전기 공급이 가능해졌다. 산둥성(山东省)에서는 린이(临沂) 시홍위(西红峪)의 작은 산골 마을 8개 농가에 전기를 공급하기 위하여, 30여 명의 전력 노동자들이 50일간 분전하여 전선 6km를 가설하였고 100개가 넘는 전봇대를 설치하였다. 산시성(陕西省) 란톈현(蓝田县) 자오다이진(焦岱镇) 빤지아촌(樊家村)에서는 전력 공급 회사가 기초생활수급 가구를 위하여 전용 전선 500m를 설치하였다. 신장웨이우얼자치구 커쯔러쑤커얼커쯔자치주(克孜勒苏柯尔克孜自治州) 우차현(乌恰县) 우루커차티향(乌鲁克恰提乡)에서는 867세대에 전기를 공급하기 위하여 정부에서 총액 6,578만 위안, 가구당 평균 7만 5,900위안을 투자하였다.

상수도 '촌촌통'

상수도 '촌촌통'의 투자 총액은 1천억 위안 이상이다. 사업이 시작된 1998년부터 1단계가 종료된 2010년까지 5억 5,900만 농촌 주민의 식수 안전 문제를 해결하였다. 2019년 말 전국 농촌에서 집중 급수율은 86%, 상수도 보급률은 82%에 달하였다.

항공 사진으로 본 상하이시(上海市) 푸둥신구(浦东新区)의
신농촌 건설. (비주얼 차이나)

텔레비전 방송 '촌촌통'

텔레비전 방송 '촌촌통'의 투자 총액은 200억 위안 이상이었다. 사업 기한은 1998년부터 2010년까지였다. 2010년 말까지 전기 공급 세대 수가 20가구 이상인 자연촌에서는 모두 텔레비전 방송을 시청할 수 있게 되었다.

전화 '촌촌통'

전화 '촌촌통'의 투자 총액은 500억 위안 이상. 현재 전국 행정촌(行政村)의 전화 개통 비율은 99.2%에 이른다.

인터넷 '촌촌통'

　1996년, 중국 중앙 정부는 전국농촌경제정보업회의를 개최하고 농촌 정보화 건설 방향을 분명히 하였다. 이후 2005년부터 2009년까지 5년간 정부에서는 매년 농촌 정보화 지원책을 계속 내놓았다. 2009년 농촌 인터넷 이용자 규모는 1억 681만 명으로 전국 인터넷 이용자의 27.8%를 차지하였다. 2016년 10월에 중앙 정부는 농산물이 인터넷을 통해서 농촌을 벗어나 도시로, 세계로 나갈 수 있도록 하는 '인터넷 탈빈곤 행동 계획'을 수립하였다. 각급 정부의 정책과 투자를 바탕으로 농촌에서 인터넷은 더 신속히 발전하였다. 2018년 말에 농촌 인터넷 이용자 규모는 2억 2,200만 명으로 10년 사이에 두 배 이상 증가하였고, 농촌 인터넷 보급률은 38.4%에 달하였다. 2019년 2월에 중앙 정부는 '디지털 향촌'이라는 새로운 정책을 발표하였다. 새로운 정책의 내용은 다음과 같다. '인터넷+농업'이라는 새로운 농업 생산 방식 발전을 다그치고, 정보가 농촌 집집마다 진입하도록 전면 추진한다. 그리고 인터넷을 통해서 정부가 제공하는 공공 서비스를 농촌으로 확대한다.

전기를 사용할 수 있게 된 농민은 가전제품이 가져다 주는 생활의 편리함도 누릴 수 있게 되었다. 농민의 가전제품 소비를 촉진하기 위해서 2008년 2월부터 2013년 1월까지 5년간 국가는 '가전하향(家电下乡)'이라는 재정 보조금 정책을 시행하였다. 즉 농촌 호적을 가진 주민들이 컬러 텔레비전 · 냉장고 · 휴대전화 · 세탁기 · 오토바이 · 컴퓨터 · 온수기 · 에어컨 · 전기 자전거 · 전기밥솥 · 가스레인지 · 전자레인지 · 인덕션 레인지 · 전기 압력솥 · DVD 플레이어 등 가전제품을 구입하면, 국가 재정에서 제품 판매가의 13%를 보조금으로 지급한다. 2012년 12월 말까지 '가전하향' 정책을 통하여 전국에서 판매된 가전제품은 총 2억 9,800만대, 국가에서 농민에게 제공한 보조금은 544억 위안을 넘었다.

농민이 수돗물을 사용할 수 있게 되면서 수세식 화장실도 보급되었다. 타일이 깔린 바닥과 벽면 · 화장실 물탱크 · 세면대 · 거울 등 도시 건물에서만 볼 수 있었던 시설들이 이미 많은 농가 화장실의 인테리어 표준으로 자리 잡았다. 산둥성 쯔보(淄博)에서는 2014년 말부터 농촌에서 '재래식 화장실 개조 사업'을 시작하여, 3년간 노력 끝에 37만 5천 농가가 모두 깨끗하고 위생적인 화장실을 사용하게 되었다. 푸젠

푸젠성(福建省) 유시현(尤溪县) 중셴향(中仙乡) 룽먼창(龙门场)의 구식 화장실. (비주얼 차이나)

성(福建省) 샤푸현(霞浦县) 야청진(牙城镇) 펑먼촌(凤门村)에는 예전에 집 앞쪽과 뒤쪽이 온통 시궁창이었는데, 지금은 주택이 가지런하고 깨끗하며 공기가 상쾌하다. 시안(西安) 장안구(长安区) 둥성촌(东升村)에서 화장실을 개조한 지 불과 1년 후, 한때 건조하고 악취가 가득하였던 화장실 근처 큰길에 들어선 기자들은 따뜻한 햇빛이 각 집 앞 작은 채소밭을 비추고, 크고 잘 여문 토마토와 푸른 오이가 시렁에 걸려있고, 공기 중에 은은한 화초 향기가 가득한 모습에 주목하였다. 예전에 쓰

산둥성(山東省) 쩌우핑현(鄒平县) 밍지진(明集镇) 쉬다오커우촌(许道口村) 촌민 류얼자오(刘尔招)이
집에서 화장실을 청소하고 있다. (비주얼 차이나)

찬성(四川省) 단링현(丹棱县) 싱푸촌(幸福村)에서는 노천의 분뇨 구덩이
에 파리가 날고, 악취가 가득하였다. 현재 마을 전체 470가구 가운데
위생적인 화장실로 개조한 곳은 429가구로, 위생적인 화장실 보급률
이 91.28%에 달한다.

1990년대부터 중앙 정부의 지원으로 중국 농촌에서 '화장실 혁명'
이 일어났다. 중앙 정부는 2004년부터 2013년까지 누적 총액 82억
7,000만 위안을 농촌 화장실 개조에 지원하였다. 2015년 4월에 시진

장쑤성(江苏省) 롄윈강시(连云港市) 둥하이현(东海县) 안펑진(安峰镇) 안베이촌(安北村)의
신형 농촌 공중화장실. (비주얼 차이나)

핑(習近平) 주석은 '화장실 혁명'에 관하여 도시 공중화장실 건설 수준
을 높이는 한편, 농촌 화장실 개조에도 역량을 집중하도록 지시하였
다. 민중의 일상생활에 관한 국가 지도자의 관심은 민중을 섬기는 중
국공산당의 종지를 잘 보여 준다. 국가 지도자의 직접 추진에 따라서
성·시·현의 각급 행정 부문 책임자들은 자신의 관할 구역에서 각
자 실행 책임을 진다. 2018년에는 중앙과 각급 정부의 지원으로 전국
1,000여만 농가에서 화장실 개조를 마쳤다. 2019년, 중앙 정부는 70

허베이성(河北省) 한단시(邯鄲市) 융녠구(永年区)에서 농촌 주거 환경 개선을 농촌 진흥의 중점으로 삼아, 도로 경화 · 화장실 개조 · 오수 관리 · 마을 외관에 힘쓰고 있다. (비주얼 차이나)

억 위안의 자금을 배정해 농촌 화장실 개조를 지원하기로 했다. 사업 기간은 5년이며, 이 사업으로 1000만 세대가 넘는 농민이 혜택을 받게 된다.

중국인들은 흔히 '안거낙업(安居樂業)'이라고 말한다. '안거'가 먼저이고 '낙업'이 다음이라는 점을 통하여 알 수 있듯이, 중국인에게 집은 능력과 사회적 지위를 의미하는 고정 자산이자 가족과 자신에게 든든한 안정감을 가져다 주는 자산이다. 집은 견고하기에 사람들로 하여

금 비바람을 막을 수 있게 하여 준다. 집은 푸근하기에 사람들이 마음을 기항할 수 있는 항만이기도 하다. 고급스러운 유럽식 빌라든지, 벽돌로 지은 붉은색 기와지붕의 일반 민가든지, 혹은 순박함으로 돌아간 초가집든지, 모든 집은 사랑과 가족들로 인하여 따뜻해졌다.

산을 바라보고 물을 바라보면 향수를 잊지 않듯이, 모든 중국 농촌 사람들의 마음속에는 언제나 감정적 출발지와 귀속지가 있다. 걸어온 길을 돌이켜 보면 그곳은 그들이 꿈을 좇을 때의 출발지이자, 그들이 꿈을 실현한 후의 귀속지이다. 농촌 환경이 크게 좋아져, 도시로 나가 일하고 있는 농민들은 도시에 장기간 머무르기보다 고향으로 돌아가서 살기를 원한다. 농촌에서 경제적 여유가 있는 일부 가정들은 한층 높은 도시적 생활 방식을 추구하기 시작하였다. 집에 에어컨·세탁기 등 현대적 가전제품을 마련하였을 뿐만 아니라, 태양열 열기 난방 시설도 설치하였다. 농촌 일부 가정은 도시 가정과 마찬가지로 집중난방을 실시하고 있는데, 집안이 봄날처럼 따뜻하여 온 가족이 아늑한 겨울을 보낼 수 있다. 중국 동부 연안 일부에서는 농촌 주거 환경 및 쾌적도가 대도시보다 훨씬 높아지자, 퇴직 이후 농촌에서 편안히 노후를 보내려는 도시 사람들이 줄을 잇고 있다.

신중국 성립 이후 무심코 70년 세월이 흘렀다. 신중국 성립 이전에는 집도 없이 가축과 함께 지내는 사람들이 많았다. 신중국 성립 초기에는 온 가족, 심지어 여러 세대가 초라한 처마 밑에서 살았다. 오늘날 상대적으로 독립된 공간과 비교적 완비된 기능을 갖춘 주택에 이르기까지 중국 농촌 사람들은 자가 주택의 양적 변화와 농촌 주거 환경의 변천을 경험하고 증언하였다. 이 과정은 농촌 사람들이 열심히 일하며 행복을 추구하였다는 사실을 증명하는 만큼, 감개무량한 일이다.

이 과정을 직접 경험한 사람들은 선인들의 꿈을 이루는 화신이자 후대 역사가의 눈에 비친 역사 현장의 증인이다. 이 이야기는 얼마나 감동적인지 모른다! 전체 인류의 5분의 1을 차지하는 세계 최대의 민족, 중화민족 전부가 빈곤에서 벗어나는 이야기이기 때문이다. 신중국은 70년 동안 낙후되고 기초가 박약한 상태에서 세계 2위 경제 대국으로 변천하였다. 개혁개방 40년, 특히 중국공산당 제18차 전국대표대회에서 새로운 국정 방침이 확정된 이래, 중국 농촌의 탈빈곤 행보가 현저히 빨라져 매년 1,200만 명 이상의 탈빈곤 규모를 기록하고 있다. 현행 국제연합 기준으로 중국은 이미 8억 5,000만 명이 탈빈곤을 이룩하였는데, 이 중 농촌 탈빈곤 인구가 7억 명 이상을 차지하였다. 전 세계 탈빈곤 성과는 대부분 중국에서 이루어지며, 전 세계 탈

쓰촨성(四川省) 광안시(广安市) 첸펑구(前锋区) 관탕진(观塘镇) 바리촌(八里村)에서 토지 이전 발전 사업으로 수입이 늘어 부유해진 농민의 새로운 주택이 가을 햇살을 받아 더 아름다워 보인다. (비주얼 차이나)

빈곤 성과 중에서 중국의 기여율은 70% 이상이다. 중국의 탈빈곤 규모에 세계가 주목하고 있으며, 이렇듯 빠른 탈빈곤 속도는 유일무이하다! 헬렌 엘리자베스 클라크(Helen Elizabeth Clark) 국제연합 개발계획(United Nations Development Programme) 총재는 감탄사를 연발하였다.

2020년 11월 23일, 구이저우성의 9개 현이 빈곤현 명단에서 벗어났다고 발표하였다. 이로써 전국 832개 빈곤현이 모두 탈빈곤을 이룩하였다. 중국은 국제연합의 지속가능 발전을 위한 2030 의제 가운데 빈곤 감축 목표를 10년 앞당겨 실현하였다. 중화민족은 천백년 동안의 절대빈곤 문제를 역사적으로 해결하였다.

이 외에도 2017년 11월, 중국 정부는 '농촌인거환경정비 3년 행동 방안'을 채택하였다. 방안은 밭·물·도로·숲 등 마을 풍모를 향상시키고, 나무 베기·산 파헤치기·호수 매립을 삼가고, 집을 허물지 않고, 고향의 아름다운 경치를 보호할 것을 요구하였다. 그리고 유구한 전통의 낡은 향촌 민가·역사 문화로 유명한 마을에 관한 보호를 철저히 하고, 전통 농경 문화를 되살려 향수를 자아내도록 하였다. 인간과 자연의 조화와 공존, 마을 형태와 자연 환경이 어우러지도록 촉진하였다. 중국 정부는 정부 예산 투입을 늘리고, 은행들이 농촌 환경

정비에 필요한 대출을 늘리도록 독려하며, 각급 지방 정부의 책임을 강화하는 등의 조치를 통해서 목표 달성을 추진할 계획이다. 오늘날 중국의 아름다운 농촌이 세계를 향하여 손짓하고 있다.

항공 사진으로 본 루가오시(如皋市) 주화진(九华镇)의 아름다운 향촌 풍경. (비주얼 차이나)